Guias e Apóstolos
LIVRO 1
AS MENSAGENS BÍBLICAS NA UMBANDA

Capa e projeto gráfico: Marco Cena
Revisão: Gaia Revisão Textual
Produção editorial: Bruna Dali e Maitê Cena
Assessoramento gráfico: André Luis Alt

Dados Internacionais de Catalogação na Publicação (CIP)

O98g   Oxossi, Caetano de, Pai
      Guias e apóstolos : as mensagens bíblicas na Umbanda. /
    Pai Caetano de Oxossi. – Porto Alegre: BesouroBox, 2021.
      208 p. ; 14 x 21 cm

    ISBN: 978-65-88737-50-7

    1. Religião. 2. Umbanda. 3. Bíblia Sagrada. I. Título.

CDU 299.6

Bibliotecária responsável Kátia Rosi Possobon CRB10/1782

Direitos de Publicação: © 2021 Edições BesouroBox Ltda.
Copyright © Caetano de Oxossi, 2021

Todos os direitos desta edição reservados a
Edições BesouroBox Ltda.
Rua Brito Peixoto, 224 - CEP: 91030-400
Passo D'Areia - Porto Alegre - RS
Fone: (51) 3337.5620
www.legiaopublicacoes.com.br

Impresso no Brasil
Outubro de 2021

Pai Caetano de Oxossi

Coordenação espiritual Caboclo Mata Virgem

Guias e Apóstolos
LIVRO 1
AS MENSAGENS BÍBLICAS NA UMBANDA

1ª edição / Porto Alegre-RS / 2021

Sumário

Prefácio 9

2 Timóteo 4:3 17

Tiago 1:19; 26 19

Provérbios 15:1; 4 22

Tiago 2:17; 26 25

1 Pedro 4:10 27

Mateus 6:34 29

Tiago 3:18 32

2 Timóteo 2:25 34

2 Coríntios 5:7 36

Mateus 10:8 39

Provérbio 15:5 40

Mateus 19:21 43

Coríntios 5:16 47

Mateus 7:21 49

Mateus 10:16 51

Mateus 18:4 54

Mateus 7:24 56

Mateus 7:12 58

Tiago 2:1 60

Atos 14:22 62

Mateus 7:13 64

Mateus 7:20 66

Mateus 7:15 68

Hebreus 12:5 71

1 Pedro 4:8 74

Hebreus 11:1 77

Tito 3:2 80

Hebreus 13:14 82

Hebreus 10:24 85

Colossenses 2:16 88

Filipenses 4:9 90

Filipenses 1:10 92

1 Tessalonicenses 5:16 94

Lucas 8:16 96

Filipenses 2:21 98

1 Pedro 4:11 100

Marcos 14:27 102

Tiago 1:13,14 105

1 Coríntios 4:1 107

Thiago 1:27 110

Marcos 8:36 113

Romanos 10:3 115

João 14:6 118

João 7:18 120

Mateus 27:24 122

Mateus 11:25 125

Marcos 7:15 127

Mateus 10:24-25 130

1 Coríntios 1:4 133

Tito 2:8 135

Coríntios 1:19 138

Mateus 5:39 141

Coríntios 9:19 144

Atos 12:7 146

Tito 1:2-3 148

Lucas 21:34 150

Lucas 15:4-6 153

Filipenses 3:7 156

Judas 1:18 158

1 Tessalonicenses 5:6 160

2 Coríntios 11:12 163

Filipenses 3:16 165

João 18:11 167

Efésios 5:22 169

2 Coríntios 1:12 173

Atos 28:27 176

2 Timóteo 3:5 179

Filipenses 2:24 181

Salmos 92:13 183

Colossenses 3:15 185

Tiago 1:12 188

Mateus 5:12 190

Atos 27:24 193

1 Pedro 1:4 197

João 8:1-11 200

1 Coríntios 9:14 204

Prefácio

Durante os séculos da Era Moderna, período que se estendeu de 1453 a 1789, os homens acreditavam que toda a verdade deveria estar contida em um único povo, em uma única crença. Desde esse tempo, tenta-se atribuir a um livro toda a fonte da verdade, toda a fonte da palavra divina, como se todo o resto fosse ou devesse ser profano. Os cristãos da Era Moderna tratavam a *Bíblia Sagrada* como a fonte de todo o poder Divino, como a fonte inesgotável do saber das Leis de Deus. Com isso, muitos foram mortos, perseguidos, guerras ocorreram e calamidades foram abafadas, pois era preciso crer em um escrito.

Na tradição da esmagadora maioria dos povos da Terra, o saber era concedido pelo exemplo. Apesar de alguns crerem que era pelo saber oral, pela oralidade, na verdade, os povos de tradição dita oral não ensinavam por palavras, e sim por exemplos. Era pela repetição de afazeres, de saberes, de louvores, de ritos que os mais novos adquiriam o saber da vida e o entendimento de Deus, e não apenas pela conversa com os mais velhos ou com os sacerdotes, como a história do homem branco quer fazer crer.

Um índio não ensina com conversa, um índio sempre ensinou com exemplo – ensinava também com um conjunto de atividades simbólicas e iniciações para que os aprendizes pudessem ir ingressando em mundos cada vez mais misteriosos e complexos. Os rituais abertos, em que todos participavam, eram simples, porém cercados de simbologia que remetia a saberes complexos e guardados, que seriam revelados quando o espírito do ser estivesse apto a alcançá-lo. Em razão disso, nem todos participavam de todas as cerimônias.

Os negros bantus, os negros de língua yorubá e de diversas outras etnias da África meridional e setentrional utilizavam o exemplo como grande aprendizado. A verdade como emanação direta de Deus era trazida por seres que aqui não habitavam a carne, os ancestrais, os espíritos dos antigos, que estavam há tanto tempo no mundo invisível que adquiriram muita sabedoria. Em manifestações mediúnicas, alertavam o povo, ensinavam e mostravam novas maravilhas.

A tradição hebraica é uma das tradições em que o saber se transmite por meio do papel, pelo menos atualmente. A *Bíblia Sagrada*, herdada por alguns cristãos e reduzida a um conjunto de livros, passou a ser utilizada pelos homens de forma a conduzir seus súditos e seus povos às guerras e à violência. Se fossem como nós e seguissem o exemplo, seguissem os passos de seus ancestrais, como iriam justificar qualquer agressão? Quem conhece minimamente a vida de Jesus e dos apóstolos seguidores sabe que não há, em nenhum momento, por parte do Mestre nenhuma incitação à condenação e execução de penas pelo homem. Não há sequer a possibilidade de julgamento, quem dirá de ele ser o executor da sanção.

Seguindo o exemplo de Jesus, quem poderá apedrejar o pecador?

Seguindo o exemplo de Jesus, quem conseguirá transformar as escolhas e os erros em condenações eternas?

Seguindo o exemplo de Jesus, quem poderá incitar uma guerra contra outros seres que não acreditam na mesma regra e na mesma lei?

Seguindo o exemplo de Jesus, como alguém poderá vingar-se? Como poderá matar? Como poderá impedir os seus irmãos de estarem na mesma mesa?

Jesus é um exemplo poderoso de vida e de dedicação ao ser humano da forma mais ampla possível. Libertou espíritos malignos, curou mulheres, andou pelos leprosos, pregou sua palavra a povos não circuncidados, pregou a homens e a mulheres, aceitou o amor e o donativo de quem lhe aparecesse no caminho, estendeu a mão ao inimigo, benzeu e pediu a Deus perdão e amor àqueles que o mutilavam e o matavam.

Jesus é a encarnação da Luz, do amor de Deus. Um ser sábio, calmo e que mesmo habitando uma época de perseguição, morte, raiva e de muita guerra pregou e viveu em paz. Assim, devemos nos perguntar: seus supostos seguidores são aqueles que querem seguir seu exemplo ou aqueles que deturpam os escritos antes dele? Os cristãos são os que continuam sua obra ou aqueles que se prendem em escritos de outros homens? Afinal, há notícias de que Jesus tenha escrito uma linha sequer? Ou quem as escreveu, tal qual um médium, colocou também parte de sua visão, sua interpretação da história?

A *Bíblia* é uma grandiosa e linda obra, uma história de um povo que lutou contra a escravidão, contra uma natureza impiedosa. Ela conta a história de um povo que preza por seus antepassados, seus patriarcas, observa que os que antes vieram devem receber nosso louvor. Conta a história de um povo que, mesmo estando no deserto, mesmo sob os grilhões impiedosos da escravidão, não perdeu sua fé; um povo que se manteve e se mantém unido graças à crença em Deus, no amor Dele, na proteção e na justiça divina. Suas leis e sua forma de viver são baseadas há milênios na interpretação que fazem das palavras divinas, atribuídas a seus profetas.

No Antigo Testamento, a *Bíblia* tem passagens belíssimas de amor e de perdão, de força e superação. Mostra como foi necessária uma força divina para que aquele numeroso agrupamento de seres não se perdesse em guerras e violência. Passados alguns milênios, nasceu entre esse povo um ser divino, um espírito egresso diretamente do fogo de Deus, para acender uma vela nas trevas que pairavam sobre a crosta terrestre. Jesus nasceu entre esse povo para reformar suas leis, para dirimir lacunas e conflitos que antes existiam na lei salomônica ou de Moisés. Jesus veio para ampliar o conceito de povo de Deus, mostrando que a união dos povos e dos seres seria e será a única maneira de encontrar o Pai de forma verdadeira.

A missão do ser celestial foi e ainda é mostrar que, muito do que haviam escrito deveria ser revisto, deveria ser modificado e, inclusive, ser recusado, pois algumas das verdades trazidas por Jesus eram opostas à lei que estava em vigor. Então esse Ser escolhe outros para com ele andarem, observarem, aprenderem. Com seus escritos? Não, com seu exemplo. Pregou em parábolas para que sua forma de ver o mundo fosse atemporal, para que os homens e mulheres do futuro pudessem entendê-lo. Assim, com essa força missionária divina, andou entre nós.

Passados muitos anos de sua morte é que os primeiros escritos atribuídos aos apóstolos ou a seus seguidores foram conhecidos. Os apóstolos também se ocuparam de serem exemplos, de mostrarem aos habitantes da Terra como deveriam aprender a viver conforme o mestre os ensinou. Tanto é verdade que muitos dos Evangelhos, em especial as cartas e epístolas, trazem como esclarecimento aos povos a mensagem: "sigam nosso exemplo". Assim pregou Paulo de Tarso aos efésios, aos tessalonicenses, aos colossenses e aos demais povos. Dizia o apóstolo pós-morte: "sigam o meu exemplo, pois eu sigo o de Jesus".

Não havia: "sigam o que escrevo", a escrita era tão somente a forma de comunicação mais rápida diante da perseguição aos cristãos. A escrita é e era, portanto, uma maneira de ensinar, mas ela deve ser baseada sempre no exemplo.

Hoje a cultura da escrita é hegemônica e universal, mede-se o desenvolvimento de um povo de acordo com a quantidade de membros que sabem ou não escrever. Imagino que se minha tribo aqui estivesse estaria como uma das mais pobres e piores civilizações. A escrita veio para, inicialmente, dominar os humanos, para que apenas uma verdade fosse possível, mas logo ela se popularizou e muitas verdades foram criadas, tornando-se um meio de expressão da liberdade e uma forma de o indivíduo ser autônomo. Hoje ela é parte indissociável do progresso físico e, muitas vezes, do espiritual.

Ao ler as presentes palavras, poderá o leitor pensar tratar-se de um paradoxo, pois eu que critico, aparentemente, a escrita, dela faço uso para mostrar minhas ideias. Entretanto, o que venho a dizer é que não creiam em apenas palavras escritas, não aceitem apenas o papel, e sim vejam o exemplo, pois este é o maior e mais poderoso ensinamento de todos os tempos, e assim será até o fim.

Ao ler a *Bíblia*, portanto, pense que antes de ser a história de Cristo, é a história de um povo, onde Jesus nasceu, a história de como o mundo existia quando a Força Divina encarnou. Observe como um homem mudou essa história, libertou padrões, mostrou o significado escondido das palavras dos profetas, dos exemplos dos patriarcas, revelando a liberdade e o amor como grandes leis. Leia o Novo Testamento seguindo o exemplo de Jesus, observando que ainda havia resquícios de uma Lei Mosaica em seus pregadores, pois eram homens e mulheres que passaram suas vidas sob a égide dessa lei e agora se viam pregando contra ela, reformando-a.

Se assim o fizerem, compreenderão as belezas escondidas em cada livro, em cada carta, uma vez que se trata de um dos livros mais belos já reunidos em um volume. Se tivermos olhos para enxergar e uma mente para seguir a leitura com o exemplo de Jesus, seremos tocados por um ensinamento profundo de paz, harmonia, perdão, amor, caridade, perseverança, fé, confiança e muita Luz.

Assim, trazemos aos olhos dos leitores esta humilde e singela obra, que traz alguns fragmentos de um livro tão belo, revelando como nós, seres trabalhadores da Umbanda, entendemos a pregação de Jesus. Como as palavras de Marcos, Paulo, João e de outros trazem a figura do ser iluminado, filho de Oxalá, a quem chamamos de Jesus.

A leitura é uma descoberta, uma forma de perceber como os umbandistas, cristãos de uma Nova Era, seguidores dos exemplos dos bantus, nagôs, ameríndios podem seguir também o exemplo de Jesus por intermédio da natureza e dos espíritos. Como bem disse o Caboclo das Sete Encruzilhadas, a Umbanda seria a manifestação do espírito para o exercício da caridade, em que todos seriam bem-vindos e onde haveria uma grande regra, um princípio: o Evangelho de Jesus Cristo. Isso faria de todos nós seguidores não apenas da *Bíblia*, mas muito mais do exemplo de Jesus.

Boa leitura!

Caboclo Mata Virgem

2 Timóteo 4:3

❝ Porque virá tempo em que as pessoas já não suportarão a sã doutrina, mas procurarão mestre que lhe falem o que é agradável aos ouvidos. ❞

O apóstolo Paulo, ao profetizar que chegaria um momento na Terra em que os seres humanos não gostariam mais de ouvir a verdade, a palavra da liberdade, mas aquela que fosse fácil, que mostrasse o conforto, e não a luta, que apenas deixasse homens e mulheres apáticos e sem estímulos à mudança, não imaginou que isso aconteceria várias vezes, pois na história não foram poucos os momentos em que os seres humanos escolheram o caminho do fácil ao invés do caminho da verdade.

Hoje, em especial, me dirijo a esses homens e mulheres, aos seres que buscam quem concorde com suas ideias e não buscam quem pode estimulá-los a mudar. A escolha da mudança é sempre uma escolha de trabalho, pois toda mudança demanda atenção, persistência, coragem, determinação e muito esforço. Assim é a sã doutrina de Deus, seja a Umbanda ou outra fé que lutam para a liberdade do homem e da mulher. Para um espírito evoluir, ele deve destruir os antigos conceitos que o prendem ao ciclo do sofrimento; para ser feliz, é necessário despojar-se de certos confortos.

Não é possível evoluir o espírito mantendo em seu dia a dia posturas egoístas e mesquinhas. Não será possível evoluir continuando a dedicar todo o seu tempo para a matéria e para os prazeres materiais. Será preciso mudar essa rotina, e isso é a sã doutrina. No entanto, ao ouvir que deverá abrir mão de seu tempo, de seu conforto e de seus apegos, o ser se afasta e vai buscar quem lhe ofereça o descanso ou o cômodo ensinamento de que não precisará se modificar.

Os homens devem sempre ter tempo para o lazer e entretenimento, mas esse tempo tem, obrigatoriamente, que ser inferior ao tempo de oração, de serviço criativo, de reflexão e meditação para angariar qualidades morais, pois somente assim poderá almejar evoluir. Ao se deparar com essa máxima, o ser não consegue aceitá-la e volta a buscar quem lhe dê razão, quem garanta que ele possa continuar a descansar e gozar os prazeres sem culpa, como se isso fosse livrá-lo da colheita e do plantio do ócio e da postergação.

Independentemente de escutar ou não a sã doutrina – que impele os seres na busca da Luz, da reforma interior, do amor incondicional e da interdependência de todos os seres, portanto, da necessidade de se envolver com tudo e com todos –, tal é a Lei de Deus, ou seja, não há como escapar dela. Poderão postergar e se iludir com os falsos profetas que lhes pregam a não necessidade do trabalho, da moralização, mas a Lei é para todos, portanto, não se pode escapar dela.

Diante disso, vamos buscar a sã doutrina, seja na Umbanda, seja em outras religiões. Deixem de querer apenas a sombra, pois o sol pode fazer suar, mas é a única fonte de vida.

Saravá!

Exu Sr. Marabô

❝ Tiago 1:19; 26

Sabeis, meus caríssimos irmãos, cada um deve estar pronto para ouvir, mas lento para falar e lento para se irritar.

Se alguém se considera religioso, mas não controla a língua, engana a si mesmo, e a sua religiosidade é vazia. ❞

Aqui, o apóstolo de Jesus ensina aos companheiros de jornada a forma de se ser sábio, pois sábio é aquele que escuta, que fala após ter meditado e compreendido o que suas falas causarão aos ouvintes e que demora a expressar sentimentos negativos. Na atualidade, as pessoas se deixam levar, constantemente, pelas emoções e não se assenhoram de sua mente, deixando-a vagar por mares tortuosos de irritação e maledicências. Ao menor impulso e à menor provocação, os seres começam a usar suas cordas vocais para vociferar contra seus irmãos de jornada terrena.

O conselho ditado por Tiago nos mostra que, antes de proferirmos qualquer sentença verbal, devemos antes refletir com calma, devemos compreender se as palavras a serem proferidas trarão algum benefício aos ouvintes, se os termos que serão usados serão entendidos, serão bondosos e libertadores. De nada adianta proferir alguma palavra que não traga algo de bom à Terra, pois nesse momento é que escolheremos como será o nosso amanhã. Afinal, se não controlarmos as próprias palavras, como vamos querer escolher o nosso destino?

Todos devem sempre estar a postos para ouvir, escutar os irmãos em tormenta, os desabafos dos aflitos, mas, da mesma forma que escutamos, devemos controlar nossos pensamentos para que a boca não seja rápida. Controlá-los para que nossos julgamentos que não são controlados na mente possam, ao menos, ser controlados na boca, pois se nosso pensamento já julgou, que ele permaneça em nós e não contamine os outros com nossos erros e vícios.

Ao controlarmos nossas bocas, diminuímos as pancadas que damos constantemente em nossos semelhantes e, assim, diminuímos nossos carmas e ajudamos os nossos irmãos ao não contaminá-los com nossa imperfeição. Além de não atrapalharmos aquele que lentamente reflete sobre o que fala, que pondera suas palavras, também poderemos ser instrumentos dos Orixás. Isso ocorre porque, ao controlar a fala, proferindo apenas as sentenças que produzirão o bem, o ser permite que a intuição seja aperfeiçoada, ou seja, os seres trabalhadores dos Orixás poderão se aproximar e intuí-lo com palavras mais adequadas e que irão iluminar o seu companheiro de prosa.

Quando a boca é mais rápida, apenas os instintos e a maledicência predominam; não há tempo nem interesse para que os Espíritos de Luz possam trazer-lhe a vontade de Deus. Por isso, mesmo que irritados, seguem as palavras, pois dessa forma produzirão uma mudança moral ímpar em suas vidas e na vida de seus irmãos.

Como diz o ditado popular, "a língua é o chicote da nádega (bunda)", pois da mesma forma com que feriu seus irmãos, será deparado com o mal que promoveu. Ouçam atentamente, pois apenas ouvir já é um ato de amor, sejam lentos, selecionem sempre o que vão falar e mais lentos ainda antes de qualquer expressão de raiva e irritação.

Que Ogum lhes permita segurar a língua para que ela não seja uma espada, e sim um bálsamo na vida dos seus irmãos.

Exu Sr. Marabô

Provérbios 15:1; 4

❝ **Uma resposta branda aplaca a ira,
mas uma palavra ofensiva provoca a cólera.[...]
A língua que conforta é a árvore da vida,
mas a falsidade é a destruição do Espírito.** ❞

Raros são os humanos que não são influenciados pelas palavras proferidas por seus irmãos. As palavras confortam, amparam, estimulam, impulsionam; elas são capazes de levantar o moribundo e de destruir o mal que aplacava a alma de um debilitado. Não é sem razão que, no princípio, era apenas o verbo, e do verbo divino criou-se tudo. No entanto, da mesma forma que a palavra constrói, ela pode destruir. Palavras tiram homens de seus caminhos, acabam com a estima de multidões, iludem, corrompem, magoam, incitam a ira, a raiva e, muitas vezes, despertam a vingança e o ódio.

Jesus, em diversas passagens, demonstrou a importância de cuidarmos muito mais do que sai de nossa boca do que daquilo que entra, pois, ao ferir um irmão com palavras, você passará a ter a responsabilidade de auxiliar e reconstruir a paz e a harmonia naquele que feriu. Não é à toa que, desde os primórdios das civilizações humanas, profetas e sábios ordenam a seus rebanhos cuidado com as palavras. Não foi diferente para o povo hebreu, que recebeu de seus patriarcas e profetas a ordem para não ferir com a boca seu irmão, pois as palavras proferidas pela língua, ao amansarem e pacificarem, são como árvores que darão frutos e sombra, mas a mesma língua pode representar o joio que destrói uma plantação inteira.

Nós, Exus e Pombagiras, somos incansáveis testemunhas de que as palavras aprisionam almas por décadas, somos combatentes de lutas que parecem intermináveis graças às palavras de ódio e rancor. A sabedoria religiosa e a popular gritam aos ouvidos que devemos cuidar do que sai de nossa boca, para que não sejamos atingidos pelo chicote do carma.

Em geral, os humanos não têm freio na língua, proferem sentenças e adjetivos sem parar. Julgam, maldizem, xingam, reclamam, condenam, fofocam; entretanto, esquecem-se de que, desde muito antes de o próprio Cristo vir à Terra, a língua é motivo de perdição e de salvação conforme seu uso. A cada dia que passa, com os avanços comunicativos, a boca que fala, os dedos que teclam e a mente que pensa produzem mais e mais terror e ódio. Incitam sentimento de revolta, de desesperança. Por que não seguir o provérbio tão bem escrito e que tanto direciona as nossas vidas?

Uma resposta branda aplaca a ira, mas uma palavra ofensiva provoca a cólera. Isso não precisava estar escrito em uma escritura sagrada, pois a simples observação diária mostra a verdade de tal sentença.

Provérbios 15:1; 4

Não seja escravo de suas palavras; não permita que sua boca seja um portal da destruição; não aceite que sua língua condene seus irmãos ao sofrimento; impeça seus dedos de teclarem a discórdia; use o que Deus lhe concedeu para produzir a vida e a luz, a paz e o amor. Dessa forma, ajudará a si e a seus irmãos com a árvore da vida e da esperança.

Que o que saia de minha boca, de meus pensamentos e de minhas ações possa construir um mundo mais compassivo e cheio de paz.

Saravá!

Exu Sr. Marabô

Tiago 2:17; 26

" Assim também a fé, se não tiver obras, está morta em si mesma. [...]
Portanto, assim como o corpo sem o espírito está morto, também a fé sem obras está morta. "

A Umbanda é uma religião que não se aprende apenas na teoria, é impossível se dizer umbandista apenas lendo ou escutando seus ensinamentos. Tanto é verdade que a maioria das verdades e saberes da Umbanda nunca poderão ser traduzidas em linhas e letras ou palavras. Para se entender a Umbanda, ela deve ser sentida, vivenciada. Essa é a razão pela qual nunca será possível descrever o que sente o consulente diante de um Preto Velho a ministrar um benzimento, ao dizer palavras simples, mas que tocam o fundo da alma. A Umbanda é movimento!

Assim, devem os umbandistas atentar claramente para os dizeres de Tiago, que deixou explícito para seus seguidores que não bastava ter fé no Senhor, crer em Jesus, mas que era imprescindível realizar as obras embasadas na fé. Tiago quis despertar seus seguidores para a verdadeira fé, que é a fé em exercício, a fé em movimento, pois quem

Tiago 2:17; 26

tem fé em movimento vai até Deus, vai até os necessitados, servindo de "cavalo" para os espíritos iluminados poderem transportar o Axé e a Luz. Assim, para a Umbanda, as palavras do apóstolo são uma verdade que deve ser seguida diariamente: movimentar-se em direção aos Orixás e movimentar-se para construir um mundo mais cheio de paz e amor. Tal é a obra da fé, o plantio e a semeadura da Boa Nova, que é a compaixão e o amor cristão.

De nada adiantará escutar as palavras, ler os livros, se você não colocar em prática o que está chegando aos seus ouvidos e mentes. Movimente-se, busque a caridade, crie as obras necessárias para a sua reforma íntima, iluminando seu coração e sua mente, ao mesmo tempo que ajuda a iluminar os seus irmãos. Na Umbanda, fé só existe com a obra da caridade. Não há como ter fé sem o movimento, sem o exercício do amar e propagar o amor: essa é a obra da Umbanda. _"Filhinhos, não amemos de palavras nem de boca, mas sim de atitudes e em verdade" (1 João 3:18)._

Saravá!

Exu Sr. Marabô

1 Pedro 4:10

"O dom que cada um recebeu, ponha-o a serviço dos outros, como bons administradores dos diferentes dons recebidos de Deus."

Quantas almas vão aos terreiros e aos diversos templos de fé em busca de um amparo, de um conforto e da solução de seus problemas? Cristo, quando habitou a Terra, encontrou milhares de almas que foram à sua procura na esperança de receberem o amor do Filho de Deus. Tal qual aconteceu com Jesus, almas buscam a Umbanda, mesmo sob a enxurrada de preconceito, de incertezas e de mistérios que cobrem a essa fé. Sedentos e carentes do amor divino, sofrem com suas dores, e tormentosos os importunam.

Jesus afirmou por diversas vezes: "Vinde a mim os aflitos e sobrecarregados, que eu os aliviarei". Essa missão foi concedida a todos os seus apóstolos e discípulos. A Umbanda não é diferente: vinde a nós os aflitos e sobrecarregados que, em nome de Deus, dos Orixás e de Jesus, serão aliviados e abençoados.

Contudo, para cumprir a vontade do Pai em ajudar e amparar seus filhos, os terreiros e os templos precisam se preparar e estar aptos a cumprirem a missão celestial de dar suporte aos irmãos que sofrem e que sentem sede e fome. Para ajudar, é preciso buscar em cada um de nós as qualidades, os dons que Deus nos concedeu, e deles tirar todo proveito no amparo aos irmãos. Seja o dom do amor, do perdão, da paciência, de ouvir, de se mediunizar, enfim. Pedro, o apóstolo, afirma de forma clara que o dom que cada um recebeu não deve ser guardado, usado para si próprio, estar a serviço de interesses pessoais, mas, sim, estar a serviço do próximo. Não apenas um de seus dons, mas todos os diferentes dons que Deus concedeu a cada um, e todos devem estar serviço da Lei dos Orixás. Apenas dessa forma, seremos capazes de continuar a obra de Jesus de amparar e confortar os necessitados.

O Caboclo das Sete Encruzilhadas, ao justificar o nome da primeira tenda, afirmou que, assim como Maria recebeu Jesus em seus braços, a Umbanda receberia de braços abertos todos os demais filhos de Deus. A tenda Nossa Senhora da Piedade representava, assim, a mãe, a força maternal de Deus em exercício de amor, de piedade aos aflitos e aos sobrecarregados.

Não deixe que a vaidade, o orgulho ou o egoísmo tirem de você a certeza de que Deus e os Orixás nos entregam dons com o único objetivo de nos ajudarmos, de construirmos uma grande família, composta por toda a humanidade, e que cada dom somado será responsável pelo conforto e pela luz da coletividade. Não queira desviar o caminho de serviço usando esses dons dados pelos Orixás para enriquecer, seduzir ou escravizar quem quer que seja. Vamos usar os dons para a construção de um mundo solidário onde a lei maior seja o amor fraterno.

Saravá!

Pai Tobias de Guiné

Mateus 6:34

" **Não vos preocupeis com o dia de amanhã. O dia de amanhã terá suas próprias dificuldades. Cada dia basta o seu peso.** "

A modernidade, a velocidade das informações e as redes que conectam os seres transformaram a ansiedade em elemento cotidiano, normal e aceitável no meio de todos. Praticamente extintos são os encarnados que não sofrem de ansiedade, que não se corroem pelo dia de amanhã. A expectativa de que algo aconteça, o medo de um desafio ou simplesmente a incerteza do amanhã tiram o sono e fazem homens e mulheres ficarem dias e anos vivendo para o amanhã, projetando seus desejos, seus sonhos para um dia que não sabem se chegará.

Jesus, em sua última passagem na Terra, anunciou sua cruz muito antes de esse momento chegar. Por diversas vezes, falou aos seus discípulos que seria aprisionado, torturado, morto, mas que antes seria ainda julgado e condenado, além de humilhado. Afirmou também que voltaria dos mortos. A anunciação de seu sofrimento gerou em seus discípulos a antecedência do sofrer, a preocupação com o amanhã. Jesus, porém, sempre enfatizou viver plenamente o momento presente, pois era esse o momento oportuno para concretizar suas obras.

O que seria de Cristo se apenas se deixasse consumir pela expectativa do calvário? O que seria de nós se Ele se deixasse levar pelo medo ou pela ansiedade do amanhã? O apóstolo Mateus é feliz em nos dizer que o amanhã terá suas próprias preocupações, que cada dia tem um peso que é só seu, por isso não devemos trazer o peso do amanhã para o hoje, visto que o hoje já tem seu próprio peso. A preocupação com o futuro sobrecarrega o dia atual e impede que realizemos as obras de hoje, querendo realizar as obras de amanhã.

Se Jesus se preocupasse em renascer dos mortos antes de passar pelo calvário, não conseguiria inspirar ninguém na sua dor, pois não a vivenciaria da maneira necessária para o despertar dos homens e das mulheres que renasceriam após seus desencarne.

Sabendo ou não o que nos espera no amanhã, precisamos entender que hoje temos um peso significativamente grande para nos preocuparmos. Com isso, poderemos atender o ditado que prega que Deus não dá carga maior do que a que podemos suportar. Quando trazemos a carga do amanhã para o hoje, ela pode parecer insuportável, pois desobedecemos ao mandamento cristão de deixarmos o peso do amanhã para o amanhã.

Quando cumprirmos o ensinamento de Mateus, entenderemos plenamente que Deus só nos dará a carga que aguentarmos, pois vivemos o peso de cada dia, e assim passaremos com mais facilidade e com mais eficiência pelas provações diárias, seremos mais felizes, mais verdadeiros e seremos mais cristãos.

A Umbanda nos ensina a viver esses mandamentos apostólicos, e em todas as giras, Pretos Velhos, Caboclos, Exus e outros povos ensinam, incansavelmente, a todos que devemos viver hoje, fazer hoje, dedicar as nossas vidas no hoje, no tempo presente. Se cada entidade se preocupar com o amanhã, deixando de viver o agora, se preocupará com o resultado de seu trabalho, porém seu trabalho é o que importa. É o modo como cada um de nós se dedica, como cada um de nós ama, se entrega ao próximo, a Deus e aos Orixás, o que é a magia, pois o resultado que aquele trabalho desencadeará só pertence a Deus. Assim, se trouxéssemos o peso do amanhã para o agora, deixaríamos de fazer Umbanda.

Faça Umbanda você também, dedicando-se em cada tarefa, em cada segundo, pensando no que está fazendo e fazendo-o com o amor de um sacerdote. Assim, fará a sua parte e fará Umbanda de verdade, pois entregará o amanhã a quem ele pertence: a Deus e aos Orixás.

Saravá!

Pai Tobias de Guiné

Tiago 3:18

" O fruto da justiça semeia-se na paz para os que promovem a paz. "

A Umbanda professa de forma muito clara que devemos todos crer na justiça divina e aceitá-la, entregar-nos à Lei de Deus e dos Orixás e compreender que Xangô é o movimento de Deus que promove e garante a Justiça verdadeira. Xangô é rei, Xangô é rei-Orixá, escreve lei para os filhos de Oxalá. Xangô é o rei das pedreiras, e Oxum é a rainha das cachoeiras. Sem Xangô não há justiça, sem justiça não há equilíbrio, sem equilíbrio não haverá harmonia, e sem harmonia não há paz nem alegria na Terra. O movimento divino de justiça, portanto, é ininterrupto e está em todos os locais e a todo o momento. Xangô é incansável, os seres que trabalham nessa irradiação não se cansam de garantir que a Lei seja cumprida e que os carmas sejam confrontados para a pacificação dos seres.

Tiago, apóstolo cristão, deixou-nos uma pérola de sabedoria ao afirmar que o fruto da justiça nasce da semente da paz e será comido apenas por aqueles que promovem a paz. A justiça dos homens não se faz na paz, mas no conflito, na disputa, por isso ela nunca será a mesma que a justiça divina, pois nesta sempre se procede na paz, e seu resultado é a paz. Não há justiça divina com condenações, com perseguições, com um lado ganhando e o outro perdendo, um réu e uma vítima, um agressor e um agredido. Na justiça de Xangô, todos têm oportunidade de evoluir e ser feliz, todos os envolvidos são a um só tempo réus e vítimas, passivos e ativos na lei da vida.

Por essa razão, o machado de Xangô, o Oxé, representa equilíbrio, e suas lâminas são iguais para os dois lados. Não somente porque Xangô é imparcial, mas porque a justiça divina garantirá que todos, sem exceção, recebam a oportunidade de Luz e do Amor divino. Não creia, portanto, que a justiça divina servirá para saciar sua sede de vingança, que a justiça divina condenará os "injustos", os ímpios e permitirá o gozo eterno dos fiéis. Deus é perfeito, e perfeita é sua justiça; todos gozarão de paz e felicidade no final. Assim, a Sua justiça serve para salvar, amparar, amar e, acima de tudo, dar oportunidade a todos os filhos a encontrarem alento e paz na Terra e no espírito.

Amar significa libertar. Assim, a justiça divina é para a libertação, e não para a escravidão. Isso não significa que os espíritos trabalhadores da lei e de Deus, do carma e de Xangô não tenham que aprisionar, temporariamente, um espírito, mas só o farão para ajudá-lo na sua libertação, e não para sua punição. Desse modo, ao pensar em justiça divina, em Xangô, não se esqueça de que Tiago nos brindou com a certeza de que Deus só garantirá a justiça Dele na paz, pela paz e para os pacíficos.

Kaô Kabecilê Oba Xangô!

Saravá!

Pai Tobias de Guiné

2 Timóteo 2:25

"É com brandura que se deve corrigir os adversários [...]."

É comum assistir em tempos de crise e de guerra, como os atuais, em que a ofensa é regra, e a disputa, o tabuleiro da vida, seres que se denominam superiores, ou que têm como profissão guiar seus irmãos, professarem aos brados e na esteira da ira advertências e correções. Julgamentos, condenações, acusações são emitidas em nome de Deus na ânsia de pregar a verdade divina, com o vernáculo todo cheio de espinhos e de garras. Palavras são ditas e proferidas com ácido na tentativa de se corrigir o semelhante. Infelizmente, não é de hoje que o homem, em especial os sacerdotes, usam de agressão e violência para tentar corrigir os seus fiéis.

O Antigo Testamento é recheado de ameaças, de morte, de dilacerações, de frases tecidas em pano ardido, profecias costuradas com a agulha apimentada. No entanto, o homem e a mulher conheceram o Senhor Jesus Cristo, que pacificamente tirou a pedra da mão do julgador, que jorrou água branda na boca do caluniador e do perseguidor. Jesus revelou com misericórdia e com ternura que não se pode repreender o irmão enquanto a trave que cega os olhos com o poder do orgulho estiver em suas vistas.

Jesus assim reformulou e adaptou as leis judaicas a um novo paradigma, a uma nova sociedade, para a sua Boa Nova. A paz e o amor como regras.

Não por acaso os apóstolos, e neste trecho Paulo de Tarso, afirmam aos fiéis que quando forem repreender ou corrigir alguém, o façam de forma pacífica e branda, e o façam em oração, para que Deus os conceda o poder do arrependimento sincero e a oportunidade reparadora. Dessa forma, não se humilha, não se amedronta ou se exclui aquele irmão que ainda está preso nos erros e nos vícios, mas ele passa a ser incluído no seio da fé, abraçado com ternura de palavras duras, mas empacotadas em fino algodão para que possam ser compreendidas sem com isso esfolar seu espírito.

Jesus, diante de todas as fases de sua vida, mostrou que a brandura da alma é o caminho para o envolvimento e a união, pois sem nos unirmos, não chegaremos a lugar algum, e união se faz com amor, e não com ódio.

Aos queridos sacerdotes, cuidado com a verve que fere, sigam o conselho apostólico, conselho este que também faço meu. Corrijam sempre, pois sua missão é guiar os fiéis, mas sempre o façam com brandura, com ternura e amor. Somente a paz e o amor são parceiros na jornada rumo à minha casa, rumo à Aruanda.

Mãe Preta dos Negros do Rosário de Maria

2 Coríntios 5:7

"**Andamos na fé, e não na visão.**"

O que difere um ser humano negro de um branco? O que difere uma mulher de um homem? Um rico de um pobre? Um católico de um umbandista? Um evangélico de um budista? As diferenças, fruto do preconceito e da discriminação, são provas vivas de que os homens julgam as aparências e de que permitem que suas visões criem categorias de seres da mesma espécie. A Umbanda, nascida nas palavras de um Caboclo e conduzida por um Preto Velho, demonstrava e ainda demonstra que a aparência é alvo de preocupações maiores que a verdade.

Os brancos, reunidos em nome de Deus, sob as forças e os ensinamentos de Jesus, não aceitavam um índio que se manifestava, um negro que queria se comunicar, pois não eram dignos de ingressar na mesa espírita. Ora! Como demonstrar tamanha desfaçatez sem conhecer o moral, a ética e a Luz de cada um desses espíritos? Como impedir alguém de se comunicar exclusivamente por adotar uma roupagem fluídica de um indígena? Esse foi um dos motivos práticos pelos quais a Umbanda se revelou, pois era impossível transmitir as forças dos africanos e dos indígenas para os homens que se guiavam por sua própria visão.

Os olhos nos enganam, nos fazem cair em tentações e desejar o que não é para ser nosso. Jesus afirmava que, se o seu olho era motivo de perdição, que ele fosse arrancado, pois iludia a sua mente. Quantos não foram enganados pela aparência de uma bela dama ou de um nobre rapaz? Quantos não conhecem a expressão "parece, mas não é"? Por essa razão, os apóstolos pregavam aos Coríntios: não andem pela visão de seus olhos, pois eles o enganarão, os olhos que o guiam hoje serão os mesmos que a terra há de comer amanhã. Se os olhos não são verdadeiros, como se guiar? Como andar?

Devemos todos andar pela fé, a fé que guia é a visão da verdade, é a mão do criador guiando seus filhos pelo caminho da Luz e da verdade. Os olhos podem se iludir, podem enxergar o que não existe e deixar de ver aquilo que é preciso; porém, quando caminhar pela fé, não deixará de enxergar o caminho, a oportunidade sagrada, nem mesmo os percalços e as armadilhas da vida.

No exercício mediúnico, tal assertiva apostólica tem ainda mais relevância, pois quantos são os médiuns que, ao estarem no trabalho mediúnico, deixam-se iludir pela visão terrena? Quantos, ao verem um homem e uma mulher passando mal, com seus olhos supõem obsessões ou influências energéticas e espirituais? Ao tentarem ajudar uma pessoa e ao enxergarem-na em sofrimento, creem tratar-se de uma vítima, e não percebem que o sofrimento aparente da pessoa é fruto de seus atos de raiva e rancor. Quando estiverem aptos a enxergarem com a fé, conseguirão ajudar a pessoa que, aparentemente, está passando por um processo de possessão, mas que na realidade está obsediando a si mesma. Conseguirão ajudar a pessoa em sofrimento, não como vítima, mas na educação de uma postura mais evangélica e correta, cessando assim as dores que tal pessoa trouxe para si. A visão pode enganar, mas a fé nunca.

Por isso, deixem-se guiar pela fé, andem pela fé, caminhem na fé e usem seus olhos não para guiar-lhes, mas para apreciar as maravilhas dos caminhos conduzidos pela fé.

Caboclo Ventania

Mateus 10:8

" Curai os enfermos, ressuscitai os mortos, limpai os leprosos, expulsai os demônios. Recebeste de graça, dai de graça. "

A Umbanda nasceu para que os espíritos se manifestassem e para que essa manifestação, isenta de racismo ou preconceitos, praticasse a caridade. Essa caridade seria impulsionada e amparada pelo Evangelho de Jesus.

Traçando essas diretrizes, o Caboclo das 7 Encruzilhadas fez o mesmo que Cristo com seus seguidores. Jesus pediu aos seus apóstolos que dessem seu testemunho de vida vencendo a morte, do amor vencendo o ódio, que mostrassem ao mundo que Jesus não morreu, pois não existe morte, apenas a ilusão do padecimento do corpo. Orientou que no caminho os apóstolos curassem os enfermos, mostrassem que não existia a morte, limpassem os doentes que não poderiam ter suas chagas curadas, mas ainda assim deveriam ser caridosamente limpos, cuidados e confortados. Jesus indicou que, no caminho, ao encontrarem obsessões, possessões, espíritos malignos, que eles ajudassem os seres que estavam enfeitiçados por essas forças das trevas. Pediu que o fizessem em seu nome, mostrando que todos aqueles que acreditassem na verdade e tivessem fé conseguiriam multiplicar o trabalho dele. Dessa forma, Jesus mostrou que não precisaria estar na "Terra" para que os seus "milagres" acontecessem.

A Umbanda é herdeira dessa máxima, que deve, no caminho da iluminação das almas, curar, confortar, limpar, expulsar e conduzir os malignos a espaços em que possam ter oportunidade de transformarem suas almas raivosas. A Umbanda é um caminho, e os umbandistas são os discípulos que devem cumprir as ordens, devem devotar suas vidas para a prática da caridade. Somos todos compelidos a, enquanto buscarmos nossa iluminação e perfeição, transformar a vida dos demais em bênçãos e amor.

Cristo ainda deixou claro que essa tarefa é gratuita, pois não é feita em outro nome senão em nome de Deus, pois somente Ele pode dar a cura. Jesus afirma: "Dai de graça, pois de graça recebeste". Por essa razão, a Umbanda não cobra por suas curas, sua limpeza, sua magia, seu amor, pois foi de graça que todos recebemos as bênçãos de Deus e dos Orixás, e é assim que devemos fazer em nosso dia a dia na seara umbandista.

Pai Tobias de Guiné

Provérbio 15:5

"O tolo despreza a correção do pai, mas quem guarda a repreensão torna-se prudente."

A cultura popular em todos os povos sedimenta pílulas da sabedoria, frases, brocados, provérbios que trazem mensagens que o tempo mostrou serem de grande valia. Na *Bíblia*, há algumas passagens que perduram os milênios, como o provérbio acima descrito.

Na Umbanda é muito comum os filhos de santo, os médiuns, não aceitarem a repreensão de irmãos mais velhos, ou a repreensão de membros da hierarquia de um terreiro, ou mesmo de seus babalorixás. O pai ou a mãe de santo, cumprindo suas tarefas de zeladores, chegam a seus filhos e lhes mostram onde estão errando, ou como podem melhorar, como podem sair daquele estado atual e galgarem passos na evolução de seus espíritos ou no exercício de suas mediunidades. Em geral, essas repreensões são coletivas, para que todos os filhos de uma casa consigam aprender aquele prudente ensinamento.

Deve-se aqui fazer uma ressalva: os pais e mães de santo não devem repreender um de seus filhos no coletivo, ou seja, fazer tal exposição ao julgamento e à condenação deve ser evitado a todo custo. A repreensão coletiva se dá na ação, e não no ator, para que todos possam evitar cometê-lo no futuro, sem criar uma exposição do filho de santo. Assim, os babalorixás mostram a todos que determinado comportamento traz resultados infrutíferos, ou acabam por pesar seus carmas ou, ainda, podem retardar seu desenvolvimento. Os ouvintes, em geral, não se conscientizam que a lição é para todos, que devem absorvê-la e levá-la em seu coração e mente. Muitos debocham e creem ser excesso do babalorixá. Há casos em que quando há uma repreensão individual, demonstrando os excessos, equívocos ou faltas, o médium tende a se justificar, a arrumar desculpas para não aceitar aquela repreensão. Tenta desviar o foco ou responsabilizar outro membro da comunidade, como se o erro de um justificasse o do outro.

Há milênios, os hebreus e muitos outros povos que acabam por gozar das escrituras bíblicas demonstram que o prudente guarda a repreensão, dá ouvidos e se permite refletir sobre ela, para que possa garantir passos largos no caminho de sua evolução. Com esse ensinamento, lembre-se que, da próxima vez que for corrigido, repreendido, examine bem a lição, busque fazer dela um alerta, um norte na busca de sua jornada, e não um simples puxar de orelha que se esvai com os minutos.

Não sejamos os tolos do século XXI. Preste atenção nessa última frase, pois isso é um pai repreendendo um filho. Você quer ser tolo ou prudente?

Ogum Megê

Mateus 19:21

❝ [Jesus respondeu]: Se queres ser perfeito, vai e vende tudo que tens, dá o dinheiro aos pobres e terás um tesouro no céu, depois vem e segue-me. ❞

Na nossa querida Umbanda, não se pede para que ninguém se despoje de tudo para receber a graça, o passe e para que a caridade seja realizada. Aliás, não se pede nada em troca. Não há restrição dos pedidos nas consultas, ou seja, o consulente pode pedir para sua vida espiritual, pedir uma cura, um alento, um amor, paz em família, no trabalho e pode pedir por diversas questões materiais.

O que quer dizer então a assertiva de Jesus, que diz ser mais fácil um camelo passar pelo buraco de uma agulha que um rico entrar no reino dos céus? O que quer dizer a assertiva do mestre planetário, descrita pelo apóstolo Mateus: "Vá e vende tudo que tens, dê dinheiro aos pobres e então siga-me"? Será a riqueza algo que impede a ascensão do homem a Deus? É o dinheiro um corruptor de almas, que impede que os espíritos encontrem a face verdadeira dos Orixás? Se isso é verdadeiro, então por que as casas de

Umbanda continuam abrindo os caminhos financeiros e profissionais de tantos humanos? Por que um Preto Velho, como eu, continuo a aconselhar e a mirongar para que um filho consiga sucesso na sua empresa, no seu trabalho ou para que consiga um trabalho?

Entre o acúmulo de riquezas e o necessário para a vida encarnada existe uma enorme diferença. O dinheiro em si não é corruptor, é um mecanismo que os homens atuais desenvolveram para a sobrevivência no planeta, isto é, sem o dinheiro não há comida, abrigo, roupa etc. Então, quer dizer que um homem ou uma mulher que vá ao terreiro e peça para ficar rico não receberá ajuda? Alguns podem perguntar isso. E eu responderei com outra pergunta: qual o objetivo da Umbanda?

A Umbanda é um caminho para a liberdade e para a iluminação das almas, uma forma de integração entre todos os seres e toda a criação de Deus nos movimentos dos Orixás. É magia para frear, combater e captar as forças negativas, auxiliando os irmãos negativados das trevas a receberem a dádiva do recomeço e da regeneração. A Umbanda é seguidora dos propósitos de Cristo e atua para dar sequência à sua obra, ou seja, para continuar a mostrar o caminho da verdade, da Luz e da vida.

Sendo assim, há algum propósito em enriquecer na Terra? Há alguma coisa nesse pedido que auxilie a pessoa a encontrar a Luz, a verdade ou a vida? Com certeza não, pois o acumular recursos para enriquecer desprende quantidades de energia desnecessárias para a felicidade, obriga o ser a ter para si mais do que o necessário para uma vida de conforto e tranquilidade e, com isso, impede que seus outros irmãos tenham sequer o suficiente para a sobrevivência. Não há nisso implícita a ideia de que todos deverão ser pobres, fazer votos de pobreza, e sim que todos devemos compreender que a vida na Terra não pode ser voltada para acumular a moeda, assim como o que vale é a experiência do amor e do perdão, da Luz e da liberdade.

Jesus afirma que o passo a mais do que simplesmente seguir os mandamentos, ou seja, não matar, não desejar a mulher do próximo etc., é o desapego à matéria, pois se há ainda tal apego, não se cumpre o mais importante de todos os mandamentos: amar a Deus sobre todas as coisas e ao próximo como a si mesmo. Quando o meu dinheiro, as minhas coisas são mais importantes que a minha alma ou que a alma de qualquer outro ser na Terra, o dinheiro se torna um corruptor, um desviador de caminhos, um ídolo de metal e papel.

Precisamos vender tudo, despojar-nos de tudo? Não obrigatoriamente, mas se tudo o que tiver for maior e mais importante que a vida de outrem e que Deus, sim, então você deve vender tudo e dar aos necessitados. Se você consegue possuir bens materiais e sabe que eles são transitórios e que são de menor importância do que sua alma ou a alma de qualquer outro irmão, então você não precisa se despojar de tudo. Deve ainda pensar: quanto tempo dedico minha mente, meus pensamentos, meu tempo para acumular o dinheiro e quanto tempo eu dedico a acumular o que Jesus chamou de tesouros do céu (amor, caridade, humildade, compaixão, perdão etc.)?

Não se pode continuar a levar uma vida em que a matéria é mais importante que sua alma, devemos equilibrar isso. É preciso viver na matéria, dedicar-se ao trabalho, desenvolver-se nos saberes dos encarnados, desde que isso não impeça, adie ou destrua a sua vontade de estar com Deus e seu tempo para Ele. Não é tarefa fácil atualmente, mas é hoje que se plantam os tesouros celestiais de amanhã. Escolha bem suas sementes, prepare bem os seus terrenos, para que você possa ser capaz de vender tudo que tiver, despojar-se de tudo que não seja sua alma, seguir Jesus livre e, assim, seguir a verdade.

Pai Tobias de Guiné

Coríntios 5:16

❝ Por isso, daqui em diante, não vamos considerar ninguém segundo a carne. ❞

    As religiões espiritualistas demonstram ao homem e à mulher que a carne é aparente e é apenas um véu sobre um espírito milenar, que habitou outras carnes e habitará outras tantas, e que mesmo quando não habitar outra carne, estará vivo, pois a verdade é o espírito, e a ilusão é a matéria. A matéria é passageira, dura pouco, mas o espírito é eterno.

    Paulo, ao ensinar seus irmãos, escreve que desde a vinda de Jesus o ser humano não deve mais considerar os seres segundo a carne, ou seja, Jesus, ao ressurgir depois de morto, se mostrando vivo, crava o saber de que o espírito sobrevive à carne e que não é possível matar o espírito. Desse modo, demonstra que a verdade e a eternidade estão no espírito. Ao julgar o homem ou a mulher pela carne, isto é, pela aparência, pela cor de pele, pelo sexo, pela roupa, você desconsiderará o que é verdade e deixará se enganar pelo que é ilusório.

Considerar todos os espíritos eternos e milenares trará ao ser humano a capacidade de perdoar, de buscar entender, de amar. Por isso, não devemos considerar uns aos outros tendo como olho esta vida, esta carne, mas a grandeza e a ancestralidade do espírito. Quantos corpos você habitou, quantos corpos de homens, de mulheres, de brancos ou de negros, de ricos e de pobres? Ao olhar o outro, portanto, lembre-se da lição pauliana: não se considere pela carne, e sim pelo espírito. Dessa forma, conseguiremos trazer mais Luz e mais amor entre os habitantes da carne terrestre.

Saravá!

Pai Tobias de Guiné

Mateus 7:21

❝ **Nem todo aquele que me diz 'Senhor, Senhor!' entrará no reino dos céus, mas quem fizer a vontade de meu Pai.** ❞

Em todas as religiões, é muito comum os fiéis entenderem que apenas conhecendo o nome de Deus, dos profetas ou, no nosso caso, dos Orixás e das entidades estarão prontos para uma passagem tranquila ao mundo espiritual. Muitas pessoas confundem o conhecer com o saber. Estudam, aprendem os símbolos, os gestos e os dizeres de sua fé. Tal qual a Umbanda, sabem saudar um Orixá, sabem o dia do Orixá, músicas do Orixá, mas ainda não seguem os preceitos dos Orixás e de Deus.

O entendimento superficial e a demonstração gestual não são suficientes para empreendermos uma vida de ascensão e evolução. A Umbanda, assim como as demais religiões espiritualistas, exigem do fiel uma rotina da submissão às leis de Deus. Uma busca constante em renunciar aos seus desejos, caprichos e às suas vontades e se subordinar à vontade do Pai.

Na passagem acima, Mateus, um apóstolo vivo, mostra que Jesus, por diversas vezes, demonstrou que o conhecimento ou a simples menção ao nome de Deus não seria suficiente para alcançar a paz e a felicidade, pois, para tanto, o fiel deveria adotar uma postura de fazer cumprir a lei, de fazer cumprir em si mesmo a vontade do Pai.

Em muitos terreiros, vemos muitos homens e mulheres bradarem ao nosso pai Olorum, a nossa mãe Iemanjá, mas não renunciam, realmente, a seus desejos para o cumprimento da vontade divina. Quantos umbandistas aceitam se submeter à vontade de Deus? Quantos estão preparados de verdade para isso?

Prepare seu espírito para o ingresso na jornada da fé, abdicando de seus desejos e vontades, aceitando e cumprindo a vontade dos Orixás, esse é o caminho do apóstolo umbandista, do discípulo, daquele que quer gozar no futuro de um espaço entre nós em Aruanda, pois nós cumprimos apenas a vontade divina, nada mais.

Pai Tobias de Guiné

Mateus 10:16

" Eu vos envio como ovelhas no meio de lobos; sede, pois, prudentes como as serpentes e simples como as pombas. "

O símbolo da falsidade de um traidor se dá na expressão popular "lobo em pele de cordeiro". A expressão remonta os pastoreiros das idades passadas, em que a grande ameaça para os rebanhos de ovelhas era o lobo. Em razão disso, no inconsciente ficou que a ovelha ou o cordeiro são puros, pois não matam para comer, não ameaçam, são mansos e pacíficos. Tanto que é, de fato, um dos animais mais antigos a estarem domesticados pela espécie humana. Não é à toa que nos remotos tempos da Palestina, de Israel, a oferta nas portas dos templos e, em especial, no Templo de Salomão, era um cordeiro perfeito, pois era tido o animal sagrado a ser entregue ao Perfeito, a Deus. O cordeiro traz em si a pureza e a sacralidade. Jesus dizia ser o cordeiro de Deus, como a revelar seu sacrifício logo na crucificação.

O lobo, por sua vez, traz medo, temor, agressividade, busca matar para se alimentar, cria cenários de armadilhas para que suas presas não escapem e tem como alimento predileto as ovelhas. Assim, a violência mata a pureza. Nesses mitos e alegorias, pode-se entender que há na Terra uma luta entre a paz e a agressão, entre o bem e o mal.

Não sem propósito que o apostolo cristão Mateus nos brinda com a frase exposta como se reproduzisse as falas de Deus: "Eu vos envio como ovelhas, no meio de lobos [...]". A assertiva, em um primeiro momento, desperta medo, pois fomos enviados como puros no meio de seres perversos, que querem nos devorar. No entanto, em uma análise mais calma, demonstra que Deus quer que, apesar dos perigos, dos desvios e das traições, sejamos ovelhas, isto é, que permaneçamos puros, afáveis, mansos e pacíficos.

Ocorre que o cristão, ao interpretar essa frase, se vê como um tolo, um desprotegido e em constante perigo, mas a frase logo toma a razão do cuidado e continua: "[...] Sedes, previdente como as serpentes [...]". A prudência do réptil lhe garante sempre estar camuflado e pronto para reagir ou para encontrar seu espaço. Prefere esconder-se que se exibir, prefere solidão a estar se vangloriando. E apesar de não ter pernas, pode voar, saltar, correr. Portanto, seja uma ovelha, que saiba se esconder, saiba fugir e saiba se defender.

A assertiva apostólica então finaliza: "[...] e simples como uma pomba". Isso significa que não há necessidade de sermos nada além de um pássaro, como a pomba, que é presa difícil para as aves de rapina porque estão sempre em bandos e não se destacam, confundindo assim a mente do predador.

Com isso, a lição apostólica nos mostra que devemos ser mansos, pacíficos, que não precisamos matar para viver, não precisamos criar armadilhas, trair ou acovardar ninguém, mesmo que façam isso conosco e que, aparentemente, estejamos entre lobos. Sejamos como as ovelhas, não acovardadas, tolas, mas, sim, astutas, espertas, firmes, simples e humildes. E então o predador não nos encontrará; as suas armadilhas não funcionarão, e logo estará o lobo com fome, pronto para aprender como se alimentar, viver sem matar, e assim o lobo virará ovelha, e o rebanho estará completo, pronto para que o Grande Pastor nos mostre o caminho do fim iluminado.

Saravá!

Caboclo Mata Virgem

Mateus 18:4

" **Quem se fizer pequeno como esta criança será maior no reino dos céus. "**

Não se pode acreditar que uma pessoa orgulhosa e vaidosa consiga compreender essas palavras. Não se pode conceber que um orgulhoso encontrará o caminho da iluminação, pois seus ouvidos e seus olhos não são capazes de escutar ou de ver a verdade que não seja a dele próprio. Dar novo ensinamento ao orgulhoso é tarefa impossível, pois crê que sabe, se apega àquilo que seu coração e sua mente possuem como única verdade. Como mudar isso se não quer?

Jesus frisou a ideia de que devemos nos assemelhar às crianças, que devemos nos inspirar na infância terrestre para compreender que somente tendo a postura de uma criança – que tudo quer saber, quer aprender, quer ajudar, quer trabalhar, quer mostrar ao mestre, aos pais que está apto a executar as ordens – vamos alegrá-lo. Ao aprender a desenhar, uma criança quer logo mostrar seu trabalho ao pai e à mãe para demonstrar àqueles que os ensinou como ele aprendeu e está se esforçando para cumprir os ensinamentos. Uma criança busca aprender, pois crê que não sabe, facilita o aprendizado, pois está pronta para o novo, para a descoberta, não se apega a antigos saberes ou ideias preconcebidas.

Olhe a criança e faça como ela. Esteja pronto para os saberes de Deus, busque esse saber e, ao buscar, ouvir e ver, faça como os pequeninos, lute para colocá-los em prática e depois correr contente e feliz para mostrar ao Criador seus feitos, demonstrando seu compromisso de aprender a executar suas ordens e seus ensinamentos.

Um pequeno de forma simples, sem carregar consigo a ideia de que é melhor, busca cumprir com seu papel e atuar conforme a lei. Sejamos nós pequenos, como pequeno são os humildes, pequenos que não aspiram nada além do amor de Deus, pequenos suficientes para amar todos os que pensam ser grandes. Pequenos nos desejos, na vaidade, no orgulho, no egoísmo. Assim, um dia seremos de novo o Grande, que é Deus.

Pai Tobias de Guiné

Mateus 7:24

" Portanto, todo aquele que houve estas minhas palavras e as põe em prática, será como um homem prudente que constrói sua casa sobre a rocha. "

Toda vez que um homem e uma mulher vão aos terreiros, aos templos religiosos de outras denominações, toda vez que vocês vão se consultar com entidades a serviço de Deus, ouvir uma palavra de um sacerdote, estão dispostos a escutar. Na grande maioria das vezes, o consulente nos ouve, escuta atentamente, presta atenção, afinal, ele está ali em busca de alento, de cura, de paz. Passados alguns minutos após a oitiva, o ser começa a encontrar dificuldades em colocar em prática as ordens e sugestões dos bons espíritos, vê que não é necessário isto ou aquilo, que certos pedidos são exagerados. Observa que as palavras de um sacerdote ou de um bom espírito são lindas, mas pouco aplicáveis e que não se pode interpretá-las literalmente.

Vejamos como esse pensamento procrastinador é velho. Mateus já alertava sobre isso há quase dois mil anos.

Dizia o apóstolo que aquele que ouvir minhas palavras (dizendo em nome de Jesus) e colocá-las em prática será prudente, ou seja, não basta ouvir as palavras divinas, ler, estudar palavras e ditos, é preciso colocá-las em prática para ser previdente. Somente o ser que, após o enunciado inspirador de um Preto Velho, lutar para agir e trabalhar de acordo com os dizeres de nobre entidade será qual o prudente que constrói sua casa em terreno firme, não correndo o risco de sua morada desabar. Esse é um conselho para que você não construa sua vida com falsas verdades, pois no futuro pode acabar por ver todo seu esforço derrubado, uma vez que seu alicerce foi falso.

Não há em nenhum dizer de entidades de Aruanda, em nenhuma entidade a serviço da Umbanda algo impossível, algo inatingível por você. Ouça e arregace as mangas, pois essa é a lei; garantam que suas casas sejam alicerçadas na verdade e no amor, ousem acreditar e ousem ainda mais se pondo a mudar os hábitos e a praticar os dizeres que ecoam dos Orixás por meio dos bons e iluminados espíritos de Aruanda.

Exu Sr. Marabô

Mateus 7:12

" **Tudo que desejais que os outros vos façam, fazei-o também vós a eles.** "

A insatisfação com a vida, com o que se tem e com o que se é, infelizmente, é uma marca da atualidade na espécie humana. Há algum tempo, os humanos não fazem outra coisa senão reclamar. Transformaram a vida da Terra como encarnados em martírio, sofrimento e eterna expiação. Esse sentimento assola as almas encarnadas e, logicamente, as almas desencarnadas presas à crosta terrestre, faz com que sempre se espere mais, se espere ganhar isto ou aquilo para então serem felizes. O tempo todo observamos exigências de vocês para com seus semelhantes. "Meu pai deve me dar isso"; "minha esposa deve me dar aquilo"; "meu patrão deve mudar"; "meu vizinho deve isso" etc. E assim sempre colocamos nos outros a responsabilidade de nossa felicidade.

Não é à toa que Jesus ensinou, e os apóstolos profetizaram, que antes de buscar que o outro lhe trate desta ou daquela maneira, mostre você como fazê-lo. Mateus, ao transcrever *A lei e os profetas* afirmava: e perduram suas palavras até os dias atuais, que se deve tratar o próximo da mesma maneira que gostaríamos de ser tratado. Isso significa que antes de exigir de seu marido (sua esposa) uma postura, por exemplo, trate-o(a) da forma que gostaria, isto é, antes de exigir carinho, aja como gostaria de ser tratado. Isso é válido para todas as ocasiões.

Quando se é maltratado por alguém em um ambiente profissional, antes de devolver a raiva, lembre-se de que, se tratá-lo como gostaria de ser tratado, estará cumprindo a lei do amor, a lei de Deus. Isso independe do outro, pois não se faz essa conduta na espera de que imediatamente o outro faça igual, tampouco se pode dizer que há exceções. Jesus não profetizou: "trate os outros que merecem como gostaria de ser tratado"; e sim: "trate a todos como gostaria que o fizessem a vós".

Essa regra inspira-nos uma nova conduta, uma conduta de amor e benevolência, de paz e tolerância, pois assim semearemos a lei de Deus e garantindo um mundo melhor no futuro, ensinando nossa alma e a alma de nossos irmãos a cumprirem a única lei da felicidade e do amor.

Exu Sr. Marabô

Tiago 2:1

❝ Tratar a todos com respeito. Meus irmãos, a fé em nosso Senhor Jesus Cristo glorificado vos guarde de discriminar as pessoas. ❞

Os ensinamentos anteriores mostram que de nada adianta ouvir as palavras de Deus, proferidas por profetas ou por sacerdotes, por entidades de Luz, se não quisermos colocá-las em prática. Somente quando ouvirmos e praticarmos os ensinamentos, conseguiremos mudar a nós e aos nossos semelhantes, estes pelo exemplo. Data de milhares de anos a clara exortação para os homens e as mulheres tratarem a todos com respeito, tratarem todos sem discriminação.

Como podemos nós, após esses milhares de anos lendo e relendo, vivendo sob a égide dessa lei, ainda nos depararmos com discriminações de todos os tipos? Como o homem ainda escraviza, julga e é racista? Como podemos discriminar a mulher, o negro, o pobre, o religioso? Como fiéis ainda podem tratar seu irmão em Deus com preconceito sem que esses atos burlem ou firam a lei de Jesus? A assertiva é clara e segue por todo o capítulo, mostrando que não se pode tratar um ser de forma diferente do outro, seja por motivo de riqueza ou nacionalidade.

Tiago nos brinda com a simplicidade de não discriminarmos e esgota nessa curta frase um processo que assola a humanidade até os dias atuais. Ao olhar alguém e discriminá-lo por seu gênero, por sua condição social, por sua orientação sexual, por sua religião, nacionalidade, etnia ou cor da pele, lembre-se de que Jesus nos pediu: "Não ajam com discriminação". Se ele nos pediu, por que não vamos obedecer? Quem nos pediu para sermos preconceituosos? Veio essa ordem de algum ser iluminado? Portanto, se a única frase que veio de um iluminado foi a de não discriminarmos, sejamos corajosos, obedientes e nunca mais discriminemos ninguém, pois assim cumpriremos um pedido mais que milenar às nossas almas.

Pai Tobias de Guiné

Atos 14:22

" Ali animaram os discípulos, exortando-os a permanecerem firmes na fé e diziam: é preciso passar por muitas adversidades para entrar no reino de Deus. "

O entendimento de que a encarnação e a vida na Terra são palco do sofrimento, de angústia e provações percorre muitas religiões. Há mesmo aquelas que crendo serem insuficientes os tormentos diários, imputam a seus fiéis rotinas de agressão corporal ou privações mentais exaustivas. É certo que muitos dos crentes, dos fiéis de Deus, seja desta ou daquela religião, serão testados, passarão por dificuldades, por muitas adversidades, tal qual o apóstolo Paulo de Tarso avisa, mas adversidades, provações, testes e dificuldades não são sinônimos de sofrimento, nem mesmo de choro ou de dor.

Crer que a passagem na Terra é para expurgar, para sentir dor e derramar lágrimas de tristeza é o mesmo que dizer que o caminho que levará o ser humano a Deus é o caminho da desgraça, da dor e do choro. O caminho que nos leva a Deus é o caminho da paz, da alegria, da esperança e da fé, e é isso que Paulo exorta os senhores e as senhoras, que anima os fiéis a permanecerem na fé, firmes como as rochas de Xangô.

A exortação diz que o caminho será repleto de adversidades, de obstáculos, pois serão todos postos à prova para saber o quanto aprenderam a ser como Jesus, como os bons espíritos, prontos a amar e a perdoar, a fazer o bem e a não cederem ao mal. O caminho que leva à iluminação será um caminho de desprendimento, de abnegação e devoção; um caminho em que o conforto, a acomodação e a preguiça terão que ser substituídos; um caminho em que os obstáculos serão como pedágios em que o pagamento é o orgulho, o egoísmo, pois para seguir adiante devemos abrir mão deles.

Adversidades nada mais são do que oportunidades que Deus nos dá para despertarmos desses dragões internos que ainda nos prendem ao sofrimento, ou seja, as adversidades são bênçãos que nos ajudam a aprimorar o espírito. Compreender isso é transformar a Terra no paraíso, pois é o local sagrado que Deus nos outorgou viver para que pudéssemos nos aprimorar. Ao ver uma dificuldade, a trato como mestre, e uma adversidade ou obstáculo, como professor ou guia para minha evolução. Dessa forma, não deve haver sofrimento, e sim gratidão por estar me desfazendo de tantos fantasmas do meu espírito. As adversidades no caminho dos discípulos e dos aprendizes são joias, e não lamas.

A Terra é a experimentação intensa da oportunidade celestial do aprendizado e da evolução. O sofrimento depende de como nos comportamos diante das adversidades. Assim, porte-se como um feliz discípulo, firme na fé, ansioso pelas adversidades, pois elas nos transformarão em seres perfeitos e cada vez mais felizes.

Pai Tobias de Guiné

Mateus 7:13

" Entrai pela porta estreita, pois larga é a porta e espaçoso o caminho que leva à perdição, e muitos são o que por ela entram. "

O caminho que levará você à terra prometida, que é a vida espiritual abençoada e pacífica, cheia de alegria e felicidade, não será um presente, mas, sim, uma conquista, um lugar que se chega por esforço, disciplina, perseverança e dedicação. Não é um presente, repito.

Muitos esperam que as coisas cheguem dos céus, como gota de chuva a cair em forma de bênçãos. Esquecem-se de que até mesmo a chuva não cai de graça. Para ela se precipitar e irrigar a terra para que dê frutos, para que os rios sigam o seu curso, a chuva era antes vapor e, antes, nuvem, e ainda antes era água de rios, de mares, era comida no ventre das árvores, e antes era chuva, e o ciclo se repete há milhões e bilhões de anos. Não espere, portanto, que a chuva da bonança caia em sua vida sem antes lutar por isso ou galgar esse direito.

O conforto e a preguiça, ou seja, a escolha mais fácil e cômoda, não são o caminho que leva a Deus, e sim o caminho que leva ao deserto da vida. Tal qual o deserto, o caminho largo, espaçoso e fácil parece, à primeira vista, a escolha certa, mas logo lhe faltará água e sombra. O caminho estreito é como adentrar em uma floresta, esquivando-se de galhos, olhando se não há animais à espreita, mas ali encontrará água, alimento, sombra. Por isso, Jesus traz ao homem e à mulher a certeza de que na vida devemos escolher o caminho da verdade, da devoção, e esse caminho é estreito, apertado, pois não dá para servir a dois senhores. Na verdade, é tão apertado que só se pode servir a um, a Deus. Nessa porta para a vida da fé, passará apenas você. Não passarão seus bens, seus caprichos, seus confortos, apenas você e sua fé, sua vontade de amar e de servir.

A multidão, ao ver os caminhos, optará pelo espaçoso, pelo confortável e julgará aquele que pela porta estreita se despir e adentrar, mas somente aqueles que tiverem a coragem de adentrar por essa porta poderão conhecer o caminho de Deus e, então, gozarão de paz e felicidade. Antes, porém, precisarão aprender sobre o desapego e o amor.

A Umbanda é um caminho estreito, uma porta cercada de Exus, em que poucos entrarão de verdade. Haverá uma porta da Umbanda larga e de fácil acesso para que as almas possam olhar e apreciar, mas para um umbandista de verdade será preciso pedir licença a Exu e se curvar na porta estreita, caminhar curvado como um Preto Velho, ser decidido como um Caboclo, alegre como uma criança, pois somente assim poderá dizer que é umbandista e poderá entrar no reino da felicidade.

Eu o convido a escolher o caminho da verdade, da servidão, e não o do conforto, para logo estarmos juntos bebericando um cafezinho de Preto, sentado em um banquinho tosco, rindo e contando causos na casa de Aruanda.

Pai Tobias de Guiné

Mateus 7:20
" É pelos frutos que conhecerei. "

Existem muitas figueiras, mas apenas uma espécie produz frutos comestíveis. Muitas são parecidas e poderão iludir aquele que não conhece, que apenas descobrirá se os frutos são comestíveis quando a figueira der frutos. Mesmo as árvores que sabidamente darão frutos comestíveis, só se saberá a qualidade deles e o sabor após estes nascerem. Mateus usa a analogia dos frutos com o intuito de nos alertar para não nos deixarmos levar pela beleza de um profeta, de um missionário ou de um médium que aparenta ser de boa índole, dedicado, pois é preciso esperar a frutificação para saber se aquele ser dá bons frutos ou não.

Na vida sacerdotal e na vida religiosa, não basta aparentar e parecer ser filho devoto de Deus, é necessário que sua obra seja sempre boa, que sempre suas palavras, ações e pensamentos ajudem os demais seres da Terra. Por essa razão, devemos esperar a frutificação de um médium para que ele possa ser avaliado na transmissão de segredos, de trabalho de vida mediúnica, pois, do contrário, se adubará uma árvore estéril que poderá continuar a iludir outros seres, que, na expectativa de comerem o fruto abençoado de Deus, passarão fome aos pés do embuste.

Há muita pressa nos dias de hoje em se fazer ou se conceder um terreiro, em se dar ao médium o título de Pai de Santo ou Mãe de Santo. Calma! Acalme seus ímpetos, seja previdente e prudente como Jesus nos ensinou. Uma boa árvore se conhece pelos seus frutos, portanto, esperar a frutificação é a única maneira de propagarmos nossa religião com segurança e com respeito às tradições.

Aos médiuns, pedimos que tenham a paciência de que tudo tem seu tempo e que devemos zelar para que a nossa árvore, ou seja, o nosso espírito, seja uma árvore frutífera e que as frutas sejam produzidas com a água que cai de Oxum, com os ventos de Iansã, com o sol de Oxalá. Compreendemos assim que os frutos só existem porque Deus os criou, e nós apenas somos galhos a segurar esses frutos para que alimentem os filhos do divino. A pressa e a arrogância produzem maus frutos, e o orgulho impede de ver que quem dá os frutos é Deus.

Vamos fazer a nossa parte para que em breve sejamos conhecidos como árvores frondosas carregadas de frutos divinos.

Pai Tobias de Guiné

Mateus 7:15

" Cuidado com falsos profetas. "

Onde existir oportunidade de escravizar, onde houver espaço para que uns explorem os outros, os espíritos perversos estarão. Os espíritos que exploram as fraquezas humanas e se alimentam de vícios e vaidades não perdem tempo em encontrar entre nós as brechas para a sua tarefa de vampirização e de enganação. Lugar melhor não há que as religiões, pois ali se supõe haver puros, os bem-intencionados que agem em nome de Deus. Nesses locais, os nossos irmãos ainda eivados de maldade concretizam planos aterradores.

A inquisição, a escravidão no Novo Mundo, a perseguição de judeus, de muçulmanos, de cristãos, de candomblecistas e de umbandistas, entre outras atrocidades, foram e são produzidas por homens e mulheres em nome de Deus e da religião. Foi assim nas Cruzadas e é assim nas denominações das religiões afro-brasileiras. Foi assim no fogo contra as bruxas da Idade Média e é assim nos atentados suicidas em nome de Alá.

Não são as religiões ou Deus, ou os espíritos divinos que produzem isso, mas, sim, a ganância, o ódio, a raiva, o orgulho presentes na alma humana. Por isso, todo o cuidado contra os falsos profetas é alerta oportuno e necessário em todas as formas de culto a Deus e suas divindades. Não se pode duvidar que mesmo nas melhores e mais consagradas formas de culto a Deus haverá seres humanos que queiram se capacitar para ludibriar e manipular os fiéis em nome de Deus.

Percebemos assim o quanto esse alerta apostólico é vivo e oportuno. Na Umbanda, não se pode duvidar de sua importância e de sua atualidade. Quantos pais e mães de santo não buscam abusar da boa-fé? Tentam explorar a crendice e a carência dos fiéis? Quantos homens e mulheres sem escrúpulos, ao observarem momentos de fragilidade de seus irmãos, não aproveitam para incutirem neles falsas verdades e os ludibriarem, lançando almas encarnadas a estabelecerem compromissos cármicos dolorosos que irão se arrepender no futuro? Quantos sacerdotes exploram a fé alheia, tirando o sustento do irmão que procura ajuda, abusando de sua inocência, gravando em seus corações muitos pesos, multiplicando preconceitos e dores? Cuidado com os falsos profetas, pois eles se vestirão como ovelhas, como cordeiros de Deus, mas são por dentro lobos vorazes prontos para acabar como todo o seu rebanho.

Como diferenciar quem é profeta e quem não é? Jesus nos diz que devemos conhecer a árvore pelos frutos, ou seja, ver se as ações daquele homem ou daquela mulher são compatíveis com o amor e a caridade, pois esses são os frutos do sacerdócio. É preciso, portanto, buscar a coerência entre a pregação e a vida, entre o dizer e o fazer, entre as atividades públicas e as reservadas, sentir na alma se a conduta do sacerdote é compatível com a caridade real. Essas são maneiras certeiras de diferenciar os profetas.

Aos sacerdotes, cuidado, não queiram ser vocês os falsos profetas, pois serão compelidos pela justiça de Xangô a colherem todas as sementes que plantarem. Plantem o amor verdadeiro e não ludibriem seus fiéis, visto que o mundo carece de sacerdotes, e não de falsos profetas.

Pai Tobias de Guiné e Exú Sr. Marabô

Hebreus 12:5

❝ Meus filhos, não menosprezem a correção do Senhor, nem desfaleças quando repreendido por Ele. ❞

Quando desejamos ingressar na vida sacerdotal ou quando desejamos nos aprofundar em um caminho de fé, muitas serão as ocasiões em que seremos corrigidos pelos bons espíritos da lei de Deus, emissários de nosso Senhor que, de forma desprendida e abnegada, vêm até nós e até vocês para mostrar qual o caminho, o que estamos errando, como melhorar nosso trabalho vocacional.

Na vida mediúnica isso é muito comum, seja pelas entidades que estão trabalhando diretamente em você, seja pelas entidades dos dirigentes ou mentores de uma casa, entretanto, na maioria das situações, o aprendiz desconsidera, não compreende, nem se atenta aos puxões de orelha. Muitas vezes, há desprezo. Uns dizem que é "exagero da entidade" ou ainda que "a entidade me falou isso, mas como isso é impossível para mim e para qualquer humano, vou fazer assado". É tão comum que nós do "lado de cá" já sabemos que teremos que ter paciência de repetir dezenas de vezes o mesmo ensinamento, de variadas formas, de tal maneira que creiamos que um dia os médiuns nos escutem.

O menosprezo pelas lições individuais ou pelas lições coletivas deixou de ser exceção e passou a ser regra nos terreiros. Essa história é tão antiga que encontramos nos escritos apostólicos dos primeiros séculos do cristianismo a lembrança de que Cristo disse a todos para não menosprezarem a correção de Deus. Passados quase dois milênios, infelizmente, isso ainda ocorre. Curioso é que isso não era tão comum no meio de meus povos africanos, pois ordem de babalorixá, ordem de Orixá ou de nkice se respeitava e se cumpria e, em verdade, se temia também. Os povos ocidentais, porém, em especial os cristãos de várias religiões, parecem não compreender o alerta e o conselho divino.

Você que lê e ouve estas palavras, não deixe para depois, abra seus ouvidos e mente para as correções dos bons espíritos, que, em nome de Deus, alertam de seus erros e descaminhos. Somos ancestrais, somos espíritos que, por antiguidade e experiência, passamos por situações semelhantes às suas e sabemos como sair delas com tranquilidade e aprendizado.

Não basta ouvir, é preciso cumprir, aceitar a ordem, o aviso, o conselho e deles não desfalecer, ou seja, deles não deixar morrer, pois de que adiantaria ouvir e não colocar em prática? Por isso há essa ordem apostólica para não menosprezar. O desfalecimento se dá quando repreendido, corrigido, o fiel se deixa esmorecer, se abaixa e se penitencia se sentindo incapaz, imprestável, uma porcaria. Diante da repreensão, da correção, do aviso, da demonstração de erro, ajoelhe, agradeça a oportunidade divina da correção, agradeça, pois se Deus lhe mostra um erro é porque você será capaz de vencê-lo, mesmo após muita luta e perseverança.

Não esmoreça, não se machuque ou se afogue em culpa, não se menospreze diante da correção dos bons espíritos, pois assim você nos afastará de você. Aceite, felicite-se e ponha em ação a oportunidade de melhorar sua mediunidade, seu desenvolvimento espiritual, e então cumprirá a ordem apostólica como um todo. Primeiro ouvirá e colocará em prática; segundo, não chorará nem ficará cercado de melindres e penitências, não se desfalecerá e, por último, emergirá das trevas e abraçará a Luz e os Orixás que estarão à sua espera.

Pai Tobias de Guiné

1 Pedro 4:8

" Sobretudo cultivai entre vós um amor intenso, porque o amor cobre uma multidão de pecados. "

Muito falamos sobre caridade, sobre amor. Não há um só espírito trabalhador da seara umbandista que não tenha, não pratique e não exorte o amor como a regra máxima de uma existência e da religião como um todo.

Cristo nos afirma que o amor é o grande mandamento, que devemos amar a Deus acima de todas as demais coisas e que esse amor, consequentemente, se revela no amor a todos os seres, sejam amigos ou inimigos. Cristo assim procedeu, amando de forma intensa e verdadeira, não mediu esforços na sua última caminhada em levar aos doentes, aflitos, perdidos, desesperados, necessitados e a quem quisesse o seu amor, seja em forma de palavras, de energias, passes, curas ou apenas pela sua celestial presença. A sua própria vinda à Terra como carne foi uma demonstração de amor intenso e verdadeiro. Submeter-se a diversos percalços é uma grande demonstração de amor e compaixão.

Os Orixás em seus mitos, quando são convertidos de homens e mulheres para deidades, o fazem em ato de amor, pois se deparam com o amor a Olorum, aos homens ou à natureza. Os grandes mestres de todas as religiões ascendem pelo amor e pela compaixão.

Nesse episódio em que Pedro explicava aos fiéis alguns mandamentos, pedia a todos que, acima das demais regras e obrigações, dos afazeres domésticos e profissionais, dos ritos, enfim, acima de tudo, devemos cultivar o amor. Cultivar é garantir a brotação, o florescimento, a frutificação, é garantir que a vida seja plena e saudável. Ao pedir para cultivar, Pedro nos exorta a fazermos todo o esforço possível para que o amor cresça e dê frutos, se multiplique, e não fique como está. Pedro não nos pede qualquer forma de amar, e sim que cultivemos um amor intenso, e intensas são as coisas que nos ocupam como um todo, que ocupam a maior parte de nosso tempo, de nossos afazeres. Intensas são as coisas e os sentimentos que não podemos abandonar mesmo quando estamos fazendo outras coisas. Assim é o amor que devemos cultivar acima de tudo: intenso.

Como um bom pastor, Pedro nos dá a razão de tal mandamento, dizendo que o amor intenso e crescendo pode cobrir uma multidão de pecados. Pedro nos diz que o ato de amar verdadeiramente e de forma intensa é capaz de abençoar, de iluminar uma multidão de erros e vícios. Pedro nos dá uma razão sacerdotal e linda, pois se compreendermos e executarmos o amor intenso e verdadeiro, veremos que uma só pessoa, um só espírito em exercício da compaixão é capaz de iluminar e de abençoar uma multidão, e não uma multidão qualquer, mas uma multidão de seres ainda presos aos equívocos das sombras e das trevas.

Pedro, portanto, nos convida a amarmos, a cultivarmos um amor cristão acima de tudo e de todos. Que esse amor ocupe toda a nossa vida e os nossos dias, pois ao fazermos isso, seremos capazes de ajudar e abençoar multidão de irmãos ainda distantes da Luz e da paz dos Orixás.

Que dádiva nos é concedida pelos Orixás, uma vez que basta amarmos e seremos ajudantes de Deus no resgate de seus filhos em sofrimento, seremos responsáveis diretos pelo socorro de nossos irmãos, pais, mães, filhos, amigos que, porventura, ainda estão cobertos de equívocos e orgulho. Apliquemos essa dádiva a nosso benefício e de todos os seres deste planeta.

Pai Tobias de Guiné

Hebreus 11:1

❝ **A fé é o fundamento do que se espera e a prova das realidades que não se veem.** ❞

A ansiedade deixou de ser uma situação normal e passou a ser uma doença para os humanos modernos. Se antes a ansiedade era tida como a agonia da espera, hoje ela passou a ser um distúrbio que muda o dia. A ansiedade se tornou tão latente e tão presente que não há quem não a conheça e não se incomode com ela. A ansiedade existe, pois não queremos esperar o tempo certo das coisas, não queremos que a natureza siga mais o seu ciclo. Se a jabuticabeira demora 30 anos para dar frutos, vocês buscam engenharia para que em sete ela já desperte para frutificação. Esse exemplo pode ser estendido a todas as esferas da vida, inclusive a religiosa.

Os humanos ingressam em terreiros e no mesmo dia querem incorporar, ter uma incorporação de qualidade, firme, sem dúvidas. Querem usar os elementos de axé, querem riscar o ponto, dar consulta. Dificilmente encontramos médiuns, cavalos, que aceitem o tempo divino. Todos querem ditar seu tempo, seu desenvolvimento, sua maneira, ninguém mais aceita se entregar, de verdade, de corpo, de mente e de alma aos trabalhos. Os que conseguem fazer assim aprenderam com o tempo e com as lambadas da vida sacerdotal que determinar o ritmo é coisa de Deus, pois ao contrário só se machucará.

Isso não é novo, desde os primeiros cristãos há a chamada apostólica para respeitar o tempo e a fé. Para os povos da África central, meu antigo povo bantu, havia uma manifestação divina chamada Tempo, ou seja, o tempo era tão importante que ele em si era divino. Não porque nos importássemos com o tempo do relógio, e sim porque deixávamos o tempo na mão de Deus. Apenas o senhor Zambiapungo – o senhor supremo – era quem determinava quando e como cada um serviria a Ele e aos Nkices.

Na carta apostólica conhecida como Hebreus, os apóstolos deixam claro que somente a fé é o fundamento daquilo que se espera, ou seja, não adianta querer algo no tempo de vocês, pois somente aquele que crê em Deus e tem fé Nele sabe que a determinação do que vem e de quando vem é Dele. Por isso, a fé é o fundamento do que se espera. Eu espero que Deus, que Zâmbi, dê aquilo que me for melhor, quando Ele achar melhor, assim o tempo para mim não gera expectativa.

Nas religiões, muito se fala e se pratica por situações, seres, energias que não se veem; e o humano moderno quer tudo provar em suas mesas de laboratório, querem submeter todas as leis da natureza e de Deus dentro de suas razões, de suas pequeninas e minúsculas mentes. A presunção de que a ciência irá revelar toda verdade é tamanha que mesmo quando uma tese é derrubada, mostrando quão falível são as ciências humanas em relação a Deus, aquele que a derruba afirma, sem medo, que agora a verdade se revelou. Passa um tempo e logo outro se mostra mais verdadeiro que o anterior, e assim caminhamos há séculos.

A arrogância humana não permite a compreensão de que o todo não caberá na parte, que a lógica divina não pode ser interpretada em diagramas e equações, pois não há como um cérebro compreender a mente do Universo. Isso só é possível entender e aceitar pela fé, pois do contrário haverá sempre a arrogância. A assertiva apostólica é clara, uma vez que somente a fé é a prova da realidade daquilo que não se vê.

Seja para compreenderem que tudo tem o seu tempo, que Deus reserva para nós provas e bênçãos no tempo certo, seja para provarmos para nós mesmos aquilo que parece inexplicável, só há um remédio: a fé. Cultivem, deixem a fé ganhar proporções cada vez maiores e vocês irão compreender o mundo, o Universo e se deleitar com a face do divino.

Pai Tobias de Guiné

Tito 3:2

" Não injuriem a ninguém, sejam pacíficos, afáveis, e deem provas de mansidão para com todos. "

Muitas são as manifestações, as declarações e os pedidos das entidades para que os filhos de Umbanda, os espiritualistas em geral, sejam seres pacíficos. Jesus pregou de forma muito clara que todos nós devemos ser pacíficos, pois dos mansos e pacíficos é que será a herança de Deus. Outras religiões, como as orientais, fazem a mesma pregação da paz, da não violência. E aqui temos um pedido, uma imploração de Paulo a nos exortar a sermos pacíficos, a não injuriarmos ninguém e a darmos ao mundo provas de nossa mansuetude.

Paulo nos pede para sermos afáveis, ou seja, sermos ternos, calmos e pacíficos. Ao nos pedir isso, o apóstolo convertido nos brinda com uma frase de muita sabedoria, pois traz em curta assertiva toda a razão dos Pretos Velhos na Umbanda.

Entramos na Terra incorporados sobre nossos cajados a demonstrar não só nossa ancestralidade, mas a nossa submissão e a nossa incapacidade de gerarmos violência. Comunicamo-nos com voz rouca ou afinada para sermos ternos. Somos calmos e acolhemos os filhos e a todos, portanto, somos pacíficos e afáveis. Nunca verá um Preto Velho a injuriar, ou seja, a atribuir um crime a quem quer que seja. Não há entre nós julgamento e, muito menos, condenação, aceitamos vocês como são, por isso não difamamos ou injuriamos. Todos os dias nos terreiros damos provas de nossa força por sermos mansos.

Não é à toa essa representação e esse amor que exalamos a todos, pois somos aquilo que todos devem ser, somos vocês, somos iguais, apenas destituídos de carne. Assim, se conseguimos ser mansos e pacíficos, todos vocês também podem, basta querer e lutar de verdade para isso.

A ordem proposta na frase pauliana é o caminho do discípulo, pois primeiro deve se abster de julgar, de cometer injúrias, de difamar, e então passará a ser mais pacífico, evitando gerar nos outros o sofrimento, pois a maioria dos conflitos se dá por injúrias, por julgamentos. Ao ser pacífico, o discípulo aprende a ser afável, pois sente compaixão, e assim estará pronto para demonstrar aos outros seres um caminho de Luz e de paz, sem distinção de raça, de espécie, de encarnado ou desencarnado de sua mansidão.

Sejamos nós esse discípulo e comecemos hoje. Certamente estaremos ao seu lado nesta luta pela paz e pelo amor.

Pai Tobias de Guiné

Hebreus 13:14

" **Pois não temos aqui a cidade permanente, mas buscamos a futura.** "

Muitos dos seres humanos passam suas vidas construindo palácios e outros luxos em Terra, passam uma vida se dedicando a acumular bens materiais e dinheiro, ou seja, passam mais tempo de suas vidas construindo e acumulando bens materiais do que bens espirituais.

Logicamente, é certo para todos os crentes em Deus que a vida na Terra é passageira, que daqui nada se leva, que o caixão será a prova de que todos partiremos sem nenhum de nossos bens materiais, pois mesmo o corpo padecerá de decomposição na Terra, seguindo a máxima em que o barro de Nanã nos fez humanos e a ela devolvemos a matéria-prima no momento de nossa partida, ou como diz a *Bíblia*: "Do pó viestes ao pó retornarás".

Entretanto, apesar de isso ser amplamente conhecido e divulgado de várias formas, a grande e esmagadora maioria dos homens e mulheres religiosos dedicam muito mais da metade de suas encarnações com a atenção, o tempo e a energia desprendida em acumular ou usufruir bens materiais. Poucos são os que conseguem doar ou dedicar mais que 5% de seu tempo a Deus e à construção de seu caráter, de sua personalidade, se autoconhecendo ou auxiliando os demais a se autoconhecerem.

Como podemos ainda viver no caminho da matéria, após tantas vezes sermos alertados por espíritos encarnados ou desencarnados de que esta vida é passageira, que a eternidade é o espírito? A frase apostólica é de mesma grandeza, demonstrando que a permanência na cidade dos encarnados é passageira, pois realmente nossa cidade permanente é outra: a do espírito.

Em mais uma passagem bíblica, temos a certeza de que os crentes em Deus, em Alá, em Olorum, em Zambiapungo, em Brâman, devem buscar alimentar o que é verdadeiro, e não o que é ilusório, devem aprender a usar a ilusão da carne e da matéria para aprimorarem o que é real: o espírito. E como fazer isso se ainda renegamos a um plano secundário a verdade? Como cumpriremos a vontade de Deus se ainda servimos mais à moeda do que ao Criador?

Compreendam, meus filhos, que a vida terrena, na carne, é uma sucessão de ilusões, é efêmera, passageira. Seu espírito vive há milênios e, por vezes, já habitou a Terra. No fundo, em seu íntimo, comprovará a frase apostólica e nela encontrará a verdade. Não tema, não vá ao barranco da mentira que lhe tira o tempo do aprendizado em construir um castelo, sabendo que ele é feito de areia, onde vento ou a água irão colocá-lo facilmente abaixo.

Sejamos corajosos e verdadeiros conosco, buscando em nosso íntimo a verdade e a experiência acumulada por nós mesmos. Não precisam cumprir só porque este velho negro disse, mas o façam por uma questão de inteligência, de vivência. Olhem para dentro de vocês, creiam, encontrem a verdade e perceberão que a cidade de agora é passageira e que todos buscamos a cidade verdadeira, a única permanente, que é a nossa casa espiritual. Vivam, dividindo seu tempo, trabalhando e gozando da matéria, mas não se esqueçam do que ficará para a eternidade, que é o seu espírito.

Que Olorum possa trazer bênçãos a todos, para que possamos nos reencontrar aptos, preparados e felizes na cidade permanente de Deus.

Pai Tobias de Guiné.

Hebreus 10:24

❝ Olhemos uns pelos outros para estimularmos o amor e as boas obras. ❞

Somos humanos distintos física e psicologicamente; temos nossas particularidades, nossos traços, jeitos e tempos. Mesmo que existam pressões de moda, filosofia, cultura e dominações diversas querendo uniformizar a humanidade, os seres humanos mantêm em boa medida sua individualidade. Isso faz parte do ciclo de evolução de todos, pois nos individualizaremos até o ponto de querermos nos unir novamente ao Criador, momento em que o ego deixará de ter sentido. No entanto, mesmo na proximidade desse processo, homens e mulheres serão distintos.

Essas diferenças e particularidades geram muito dos conflitos, não por si, mas porque em geral queremos que o outro seja como nós, queremos que tudo aconteça no nosso tempo, de nosso jeito e fique como imaginamos. Queremos dominar o outro, queremos que ele ou ela se subordinem ao nosso ponto de vista e à nossa maneira de ver o mundo. Não queremos que o outro seja ele, seja subordinado apenas a Deus e aos Orixás, só nos contentamos quando as coisas ocorrem da forma que entendemos ser o certo. Isso nos faz gostar ou desgostar, simpatizar ou antipatizar com outros viventes; nos faz tecer elogios e críticas à outra pessoa.

Viver em comunidade e em sociedade sempre gerou tribulações, conflitos, discussões e brigas. Quando os apóstolos de Jesus nos dizem para olharmos uns pelos outros, nos dá a clara recomendação que devemos cuidar de nós, um cuidando e ajudando o outro, nos ensinando a termos solidariedade real e fraterna. Entretanto, o trecho bíblico também nos ensina a importância da observação e da apreciação dos outros. Olhemos uns pelos outros no sentido de descobrirmos em cada um suas particularidades, aprendendo a respeitá-las, assim como para encontrar mais motivos que nos aproximem do que nos afastem. Por essa razão, o trecho se completa ao dizer que devemos nos olhar para estimular o amor.

O amor não é presente dos céus, mas, sim, conquista do trabalho do discípulo disciplinado e perseverante. Se fosse algo dado e não conquistado, qual a razão de ensinar o treino para estimular o amor? Apenas o treino e a persistência do médium lhe darão a chave do amor fraterno, a compaixão verdadeira.

As boas obras, segundo o apóstolo mestre, referem-se à construção de uma sociedade pacífica, solidária e feliz. E se é obra, significa movimento, construção, processo. Sejamos, portanto, aprendizes e obreiros, pedreiros da casa da paz, jardineiros dos campos do amor, marceneiros dos móveis da solidariedade. Sejamos uns pelos outros, observadores dos semelhantes na busca de construir em nós o amor universal e inabalável. Treinem, executem, aprendam e pratiquem.

Olhemos uns pelos outros, busquemos em cada um as semelhanças e o motivo de nos amarmos, cuidemos dos outros para a eles estarmos disponíveis nessa construção de paz, a fim de estimularmos sempre nossos corações para o amor. Isso nos levará sempre a construirmos apenas as boas obras.

Pai Tobias de Guiné

Colossenses 2:16

" **Portanto, que ninguém julgue vocês pelo que comem e pelo que bebem, ou por causa das festas anuais ou de lua nova ou de sábados.** "

A mensagem de Jesus foi clara: deveriam os homens e as mulheres ajudar a todos, sejam eles judeus ou não. A revolução que o mestre pregou libertava a ideia de um povo que seria escolhido por Deus para a salvação, uma vez que isso dava a entender que esse povo seria melhor que os demais. Jesus afirmou que não eram os laços de sangue, e sim o comportamento e as virtudes que garantiriam o encontro dos humanos com Deus. Essa liberdade e esse amor a todas as criaturas impediriam que os cristãos fizessem guerra, pois não há inimigo, há apenas irmãos com necessidade de amor e de oração.

A palavra e a oportunidade que Jesus criou para todos se encontrarem com Deus deixaram muitos seres perplexos, por isso ele foi perseguido e humilhado, mas nem a morte foi suficiente, pois a materialização de Jesus, conhecida como ressurreição, demonstrou que ele era um enviado do Altíssimo e que sua maneira pacífica e caridosa de lidar com todos era agradável a Deus, criando ainda mais força e união entre seus seguidores.

Paulo estava pregando a uma comunidade que não obedecia à lei de Moisés, que ingeria carne de porco e outras proibições judaicas, um povo que celebrava os ciclos lunares, que nas mudanças de estações celebrava com festas e cânticos, que buscavam uma integração com a natureza e o cosmos. Os judeus estavam condenados, perdidos, mas, com esse exemplo, Paulo lhes dá a oportunidade de conhecer o mestre, mostrando que os costumes do Antigo Testamento deveriam ser revistos, como foi a vontade de Jesus.

Essa liberdade de prática e de ritual pregada pelos primeiros cristãos foi politicamente tolhida com a ideia de que o domínio da palavra de Jesus escravizava os homens e daria poderes aos senhores da Igreja. Por muitos séculos, os cristãos fizeram como os judeus e não deram a liberdade de culto e de rito como haviam feito Jesus e Paulo. A Reforma e outros movimentos vieram para resgatar a liberdade pregada por Jesus, colocando o amor e a caridade no centro, e não a ritualística.

Assim nasceu a Umbanda. Uma fé sincrética que obedece aos primeiros cristãos, pois na Umbanda ninguém deve julgar, seguindo assim a vontade do mestre enviado por Oxalá, o Senhor Jesus. Tal qual os colossenses de outrora, os umbandistas de hoje continuarão a celebrar a natureza, a se integrar nela, a festejar e a integrar os ritos africanos e indígenas, permeados pela ética de paz e amor, de solidariedade e fraternidade do mestre planetário Jesus.

Caboclo Mata Virgem

Filipenses 4:9

❝ Pratiquem o que aprenderam, receberam, ouviram e viram [...]. ❞

Escrita há quase dois mil anos, a carta de Paulo, Timóteo e outros aos filipenses mostra claramente que mesmo o apóstolo judeu, de tradição escrita, deixava claro que os fiéis deveriam praticar o aprendizado, e não só o aprendizado formal, pois Paulo deixa claro que deveriam praticar o que aprenderam, se referindo ao aprendizado tradicional, e o que receberam, ouviram e viram. Dessa forma, dá a dimensão que o aprendizado e a conduta cristã não se fazem com o conhecimento ou apenas com o aprendizado, e sim com a prática.

Deve-se praticar o que os mestres fazem, tal qual os discípulos viram, ouviram e receberam de Jesus. Afinal, não poderia ser diferente. Jesus não escreveu, apenas pregou com palavras, exemplos, amor e energia. Todos que quisessem segui-lo, e com isso encontrar a felicidade verdadeira, deveriam ser como Ele. Jesus avisou: "Eu sou o caminho, portanto, aquele que copiar meus passos encontrará a paz".

Paulo de Tarso, em carta ao irmão de Filipo, deixou a mesma lição, enaltecendo a tradição oral e a ancestralidade, revelando que os anciãos são sábios, por isso devemos observar aqueles que mais experiência têm para nos dar. Deve-se, ao ler o versículo, compreender que além de enaltecer as formas de conhecimento não tradicionais, o apóstolo demonstra que se não houver a prática dos ensinamentos, nada adiantará. Assim, não basta apenas crer e aprender que amar o próximo é correto e desejável, é preciso colocar em prática.

A Umbanda promove a pregação desse versículo diariamente nas consultas, nas incorporações, nas palestras, nos livros, nas conversas e nos passes. Os bons espíritos trabalhadores dos Orixás, seguidores de Jesus, trazem até vocês aprendizados, doam energias, dão exemplos, ditados e amor. Ao final, os Pretos Velhos, os Caboclos e os Exus sempre afirmam: "Não basta me escutar, me olhar, bater a cabeça, se você não fizer o que falei e o que ensinei".

Como disse Paulo, eu repito: pratiquem o que lhes é ensinado, falado e mostrado pelos povos de Aruanda. Sigam o exemplo de amor e humildade dos Pretos Velhos, recebam a determinação e a força dos Orixás por meio dos Caboclos e nunca deixem de ter a simplicidade e a pureza das crianças. Contando com a guarda e a força de Exu, a vocês somente basta praticar o que nós já fazemos.

Fé, caridade, solidariedade, abnegação, Axé.

Caboclo Mata Virgem

Filipenses 1:10

" **Para que vocês saibam escolher o que é mais importante [...].** "

Aqui o apóstolo convertido Paulo nos brinda com lição apropriada para qualquer época, pois nossas vidas, de ontem e hoje, são cercadas de decisões e de encruzilhadas que somos obrigados a escolher. Qual caminho devo tomar agora? Qual estrada devo trafegar? O que devo fazer? Estou em dúvida, como proceder?

A vida material, conjugal, escolar, profissional e a social são feitas diariamente de escolhas. Obviamente, assim também é a vida espiritual. Em cada uma dessas escolhas, quem é o nosso conselheiro? Qual é o peso que nos ajuda a decidir? A facilidade? O comodismo? O conforto? O que mais agradará aos amigos? O que será mais conveniente? O que me trará mais fama, lucro, prestígio?

A decisão em todos os setores da nossa vida deve considerar sempre o que é mais importante. O que é mais importante sempre terá o que é eterno, e não o que é passageiro.

Se o espírito é eterno e o corpo passageiro, qual deve ser o mais importante? Não se confunda crendo que, ao escolher o que é mais importante, você irá renegar os demais, pois a vida não é uma escolha única. Deve-se apenas dar prioridade ao que é mais importante, e às demais, você poderá cuidar e zelar, com o devido grau de importância.

Jesus e todos os demais mestres ascensionados nos afirmam que nada é mais importante que o amor e a compaixão, portanto, nas nossas decisões, devemos sempre optar primeiro pelo amor e pela caridade, devemos sempre perceber que esse deve ser nosso peso e nosso conselheiro. Devemos compreender que existe um Deus, que tudo criou, por isso não há nem pode haver nada mais importante que Ele, pois Ele é o Senhor, Ele é a palavra final. Reconhecemos em todos os pedidos que Deus, Olorum, é o mais importante. Observem suas decisões e escolhas, decidam sempre pelo que é mais importante: o amor. E sempre escolham por quem é o mais importante: Deus.

Axé!

Pai Tobias de Guiné

1 Tessalonicenses 5:16

❝ **Estejam sempre alegres.** ❞

A Umbanda pratica uma série de rituais e os recheia sempre de música, de movimento, de dança. Sempre entoamos cânticos, os pontos cantados, com a devida alegria. As entidades incorporadas ou em intuição nos fazem sempre sorrir, ou mesmo gargalhar. Os Exus, por exemplo, mesmo estando em companhia de seres inferiorizados e maldosos, estando na função de guarda e proteção, conseguem nos fazer sorrir e emitem suas gargalhadas para descontrair e alegrar todos à sua volta.

No culto a Deus e aos Orixás, não há espaço para a tristeza, pois quem está na presença do divino se alegra, pois alegre e felizes são os seres de Luz. Ao nos alegrarmos, como bem recomenda o apóstolo, nos preparamos para a tarefa do amor e da caridade. Não socorreremos os aflitos com choro, com tristeza. Não estaremos prontos para o socorro se estivermos ocupados nos lamentando. Somente a alegria poderá nos preparar para a tarefa mediúnica, pois os espíritos não querem impor a você fadiga ou tristeza, mas, sim, forjá-los a sempre estarem como nós, alegres e felizes em labutar na seara da compaixão.

Como trabalhadores da nossa Umbanda, vocês devem cuidar de suas faces, de suas expressões, para que a assistência e os espíritos que forem até vocês, para uma consulta ou um passe, os encontrem felizes, com expressões leves e alegres, pois assim de imediato conseguirão se entregar. O contrário, ao se depararem com rostos franzidos de dor, de tristeza e de lamentos, se sentirão incomodados de abrirem seus corações, pois acreditarão que vocês possuem problemas demais.

O serviço divino é alegre, e ao se alegrar para ajudar o outros, mesmo quando seus corações estiverem entristecidos, aprenderão que nada justifica a tristeza e logo não precisarão se esforçar para alegres estarem, pois estarão alegres naturalmente. Sejam alegres e lutem para estarem alegres, pois assim o socorro cristão, o socorro umbandista, será prestado da melhor forma aos seus irmãos.

Zelaremos para que essa recomendação esteja em voga sempre, por isso nos peçam que logo ajudaremos a colocar um belo sorriso em suas faces.

Pai Tobias de Guiné

Lucas 8:16

❝ Ninguém acende uma lâmpada e a cobre com uma vasilha ou a coloca embaixo da cama, mas a coloca no candeeiro, para que os que entrem vejam a Luz. ❞

Nesse ensinamento, Jesus dizia a todos que o esperavam que quando encontramos a Luz da inspiração divina e nos encontramos com as energias celestiais, não a ofuscamos com nossos erros e com nossos defeitos, e sim a dividimos com todos. Tal qual a lâmpada citada, eu era a chama. Não devemos usar os esclarecimentos divinos, as elucidações advindas de nossas práticas mediúnicas de forma egoísta, individualista, porque seria como pegar essa chama e cobri-la com uma vasilha. Ao cobrir a chama com uma vasilha, o fogo é abafado, portanto, aquilo que se achava Luz, nada mais passa que um pavio queimado, pois a Luz deve ser dividida a todos ao nosso redor.

Se esconderemos dos demais a Luz que temos em nossos corações, será o mesmo que jogarmos a chama debaixo de uma cama, onde tudo incendiará, e nosso leito será transformado em cinzas, não iluminando ninguém, muito menos a nós mesmos, pois ao fazermos uso equivocado da Luz celestial, sequer descanso obteremos.

Quando Deus nos revela a missão ou a forma de iluminação, tal qual a mediunidade, não há outra ação a se fazer que não a colocarmos em um candeeiro, ou seja, em um lugar onde possa servir não só para mim, mas a todos que em minha casa chegarem. O candeeiro são os templos, são os desprendimentos e o chamado ouvido por nós pelo Criador, nos convidando a fazer o intercâmbio entre o mundo espiritual e o material. Trazemos assim as forças dos Orixás à Terra, permitindo que o Orum e o Ayê se juntem novamente, servindo aos propósitos do Criador, ao servir os ancestrais na missão de espalhar Luz à Terra.

Não abafemos a oportunidade de trazer Luz à Terra. Não a guardemos para nossos caprichos, pois, ou ela se apagará, ou nos queimará e nos abandonará. Sejamos corajosos trabalhadores a ponto de mantermos um candeeiro aceso, pronto para trazer Luz a todos. Vejam que Jesus não disse que a Luz é nossa, mas que nos dá a lâmpada, ou seja, que mesmo quando não possuirmos Luz ainda, ele, o Criador, nos fornecerá. E quando Ele assim o fizer, o que faremos? Vamos acender o candeeiro, para que a Luz de Deus paire sobre a Terra. Essa é a função da mediunidade.

As almas acenderam um candeeiro, êê, lá no fundo do mar.

Se as almas benditas conseguem acender o candeeiro até mesmo na água, sejam corajosos e disciplinados e acendam a Luz em um candeeiro pendurado na Terra.

Exu Sr. Marabô

Filipenses 2:21

" De fato todos buscam os próprios interesses e não o de Jesus Cristo. "

Em carta abençoada à comunidade de Filipo, Paulo mostra sua brandura e seu amor apostólico incitando seus irmãos na fé a perceberem como é árdua a realidade da vida. Muitos acabam por usar o nome de Jesus, de Deus, do espírito, para seus interesses, e quão poucos ainda são aqueles que são capazes de realmente usarem a palavra e o exemplo de Jesus para a vontade do próprio Messias terrestre.

Ao alertar a comunidade de Filipo sobre as investidas de falsos profetas, Paulo aproveita a oportunidade para demonstrar como somos ainda presos ao egoísmo e ao nosso antropocentrismo, deixando de compreender a dor e o amor do outro, pensando quase sempre sob o nosso ponto de vista e deixando os pontos de vista dos outros em segundo plano. O fruto de tal egoísmo é e foram os julgamentos, as condenações e as perseguições. Entretanto, quando aceitamos o chamado de fé e nos incitamos a exercermos o nosso sacerdócio a serviço de Deus, dos Orixás, dos nossos espíritos ancestrais, buscamos não mais agir pelos nossos próprios interesses, mas, sim, pelo interesse de Deus, de Jesus, que é e sempre será a comunhão universal de paz e amor.

Quando servimos aos nossos interesses, nos desviamos da conduta apostólica, da conduta de um sacerdote, que deve buscar incessantemente rever seus propósitos e os alinhar com os de Deus. Servir aos interesses de Jesus nas atividades mediúnicas e nas atividades religiosas é a única conduta aceitável, pois a vontade de Jesus e dos mestres ascensionais é a vontade dos Orixás, é a vontade de Deus, logo, é a vontade verdadeira, pura e perfeita.

Na execução de seu valoroso trabalho de fé, a quem você está servindo? Aos seus interesses próprios ou aos interesses crísticos? Busca no seu sacerdócio servir a você, em busca de benesses e de conforto, ou busca a verdade e a liberdade nos Orixás?

Rever nossas condutas e abafar nossos interesses subordinando-os aos interesses divinos, para que num futuro os nossos interesses sejam sempre os mesmos de Deus, são tarefas que exigem disciplina, compromisso e esforço, com boas doses de paciência e de fé, mas é o caminho proposto aos filipenses e que se estende a todos nós.

Pai Tobias de Guiné

1 Pedro 4:11

" Quem fala, fale como se pronunciasse palavras de Deus. Quem serve, sirva com a força que Deus lhe dá. "

Vários ditados populares transbordam as linhas do tempo tentando ensinar o homem e a mulher sobre os riscos de continuarmos a perpetuar condutas que nos trazem amarguras e compromissos cármicos indesejáveis. "Em boca fechada não entra mosquito" – esse ditado traduz a assertiva de Pedro, que nos diz que devemos sempre falar não por nossa mente exclusivamente, e sim como se a palavra de Deus nos brotasse na boca.

Se pensarmos antes de falar, se nossas palavras apenas anunciarem amor e consolo, qual será o compromisso cármico assumido que não o da bonança e o da esperança? Quando de nossas bocas apenas saírem enunciados que visem proporcionar conforto, harmonia e afabilidade aos nossos irmãos de jornada, como será o resgate desse plantio? Por outro lado, se emitirmos de nossas bocas verbos vorazes que impliquem em espíritos dores e rancores, qual será a nossa sentença? Qual será o nosso compromisso cármico, se "vomitarmos" em nossos semelhantes a discórdia, a raiva, a intriga e a fofoca, que não a dolorosa colheita da tristeza?

Pedro gritava a todos nós e continua gritando em espírito para que nos ocupemos de nossas mentes, a fim de controlá-la para que, quando falemos, que seja apenas por vontade de Deus e que sejam palavras agradáveis do Senhor. Que ao enunciar suas sentenças, o façamos com o coração pleno de amor e fé.

Ele também nos pede para observarmos a quem servimos e como servimos. Se é para servir, que façamos isso com as forças verdadeiras de Deus que nós denominamos de Orixás, que são as forças e o movimento do Criador. Se vamos servir, que seja aos senhores da natureza, com a certeza de que amamos o que fazemos, pois ninguém poderá servir a dois senhores.

Pedro afirma a todos nós: sirvam com as forças que Deus emite em nome Dele.

Que benção aprender a servir com as forças de Deus e apenas falarmos o que Deus mandar, pois assim nunca mais comeremos as moscas da tristeza.

Pai Tobias de Guiné

Marcos 14:27

"E então Jesus lhe disse: todos vocês tropeçarão e cairão; porque está escrito: ferirei o pastor, e as ovelhas se dissiparão."

Como vocês sabem – caso ainda não saibam, busquem esse conhecimento –, a vinda de Jesus foi planejada pelo Criador a fim de mostrar para todos o caminho da Luz e da liberdade. Tudo estava planejado: a escolha dos apóstolos, das passagens, das parábolas e logicamente das atribulações do Mestre e de seus discípulos. Pouco antes de encontrar com os soldados romanos, após a delação de Judas Iscariotes, Jesus se reuniu com seus mais assíduos apóstolos e discípulos para chamar a sua atenção em dolorosa lição, afirmando que todos que ali estavam, no momento em que Jesus (o pastor de todos nós) fosse ferido, iriam se dissipar (as ovelhas – nós).

A escritura citada por Jesus não era apenas para a comprovação de sua filiação ao Pai Maior, e sim para mostrar a todos que mesmo as coisas premeditadas há tanto tempo, lidas muitas vezes, não são sempre absorvidas. Jesus citou que estava escrito, ou seja, era de conhecimento de todos que ali estavam, visto que todos eram filhos de Israel, portanto deveriam conhecer a Lei Mosaica e os profetas: "ferirei o Pastor, e as ovelhas se dissiparão".

Jesus clareou o velho ensinamento dizendo-lhes que naquela noite iriam negar sua existência, iriam renegar suas crenças e seriam capazes até de fugirem. Apesar dos protestos, feitos por Pedro e por todos os apóstolos, de que isso não aconteceria, Jesus garantiu a eles que iriam tropeçar e depois cair. Não era propriamente uma predição do Mestre, mas, sim, um aviso, um alerta para que todos se concentrassem na tarefa vindoura, para que todos aumentassem suas vigílias e orações e preparassem seus espíritos para a dura missão imposta a seguir.

Não era esse o único intuito, Jesus queria assegurar que a todos regressaria, que não se perdessem nas lamentações de erros e recusas e que pudessem sempre superar as dificuldades, limparem seus assentos para uma nova tentativa. Ao dizer que tropeçariam e cairiam, Jesus deu aos seus mais próximos viventes a certeza de que mesmo assim os amava e compreendia seus erros, mas era preciso que os reparassem em serviço de caridade e amor ao próximo.

Negar nossa fé por medo de perseguições, por temor do que possa acontecer não é novidade, pois acontece desde os tempos imemoriais, com sacerdotes e discípulos. Apenas aqueles que oferecem real resistência, que aceitam o chamado e se debruçam a manter vivas a sua fé mantêm suas crenças ao longo dos tempos.

Vejamos que Pedro renega a vida de Jesus por três vezes e depois sai ao mundo com coragem e disciplina para pregar a vida e o amor salvador de Cristo, a ponto de se submeter a castigo mais cruel, sendo ele crucificado de cabeça para baixo, pois não seria digno de mesmo castigo do mestre, o qual havia renegado. O mesmo aconteceu com Estevão, apedrejado por manter vivos os ensinamentos de Jesus. E assim, um a um dos apóstolos que tropeçaram e caíram se levantaram e, com seus erros, se fortaleceram. Se não houvessem caído naquele momento, não poderiam ensinar a nós, discípulos vindouros, a lição da perseverança, da resistência e de que nunca erramos tanto que não podemos reparar. Se não tivessem sido dissipadas as ovelhas assustadas na ausência de seu pastor, os cristãos vindouros teriam enfrentado a arena cheia de felinos?

Jesus, seguindo os planos celestiais, nos mostra até nos erros e deslizes de seus apóstolos a valorosa lição da fé e do amor, do perdão divino a nos purificar e a nos dar sempre uma nova oportunidade. Caíram os apóstolos, mas todos se levantaram para tentar mais uma vez. Graças a esse Deus de oportunidades, continuamos a tropeçar, cair e a nos levantar, buscando um dia em que passaremos nesse teste, tal qual Marcos, Lucas, Pedro, Bartolomeu, Estevão, Maria e tantos outros.

Sempre seremos testados em nossa fé, em nossas crenças, titubearemos, cairemos, mas sempre nos será dada a oportunidade de reparação. Assim, nos imbuamos de energia de fé de Oxalá, para que possamos aproveitar a próxima oportunidade. Aprendamos que mesmo na ausência física do Pastor, o dono das ovelhas, que é Deus, continuará zelando por nós, portanto, nunca ficaremos desamparados e nunca precisaremos nos dissipar.

Fé, perseverança!

Exu Sr. Marabô

Tiago 1:13,14

" **Ninguém na tentação diga que Deus o tenta, pois Deus não é tentado pelo mal, e não tenta ninguém. Cada um é tentado pelo próprio desejo que o arrasta e seduz.** "

Em nossa comunidade umbandista, muito se fala que os Orixás ou mesmo os guias tentam seus filhos, como se a força divina levasse um filho a ser vaidoso, orgulhoso, impetuoso, raivoso e nervoso. Muito se diz que um filho de Ogum é explosivo e impulsivo por ser filho de Ogum, ou seja, só é impulsivo e destemperado porque seu Pai, o Orixá, a emanação própria e primeira do Criador, é assim. Muito se acredita que um filho de Orixá não muda porque sua origem é aquela, e isso inunda nosso povo de ignorância. Deus é perfeito, e dele só sai o perfeito, portanto, ninguém e nenhum dos Orixás levará seus filhos a serem destemperados e cheios de vícios. Deus e seus movimentos celestiais, os Orixás, nos colocam desafios, com tarefas que devemos superar para alcançarmos a mítica personalidade dos Orixás.

Um filho de Ogum não é impulsivo por ser filho do Orixá, é impulsivo porque ainda não consegue dominar seus erros, mas com fé e devoção ao Orixá, irá superar aquele desafio. Um filho de Xangô não é arrogante por ser filho do Rei, e sim por seu próprio desejo, portanto deve, entendendo isso, chamar a força de Xangô para o ajudar a superar essa característica e encontrar humildade e sabedoria.

A carta atribuída a Tiago, escrita aos judeus que queriam comungar com Cristo, mostra como nos desviamos da verdade ao nos escondermos no perfeito. As tentações não provêm de Deus, pois o mal nunca pode o tentar. A tentação vem do próprio desejo do homem, que sucumbe a ela por opção, e não por parecer ordem divina. A assertiva iluminada deixa bem claro que não é de Deus que nasce o mal, e sim dos vícios e erros humanos. O mal é produto da criatura, e não do Criador. Por isso o mal deixará de existir um dia, pois quem do Criador é feito será eterno, e as demais coisas serão passageiras.

A frase evangélica nos remete à beleza de entendermos que Deus não nos coloca em tentação, pois nós mesmos sucumbimos aos desejos. O Orixá jamais plantará o mal, pois Orixá nunca é tentado, portanto nunca haverá disputa, briga, luta ou guerra entre Orixás. Deus é perfeito. Quando os mitos trazem a ideia de luta entre um Orixá e outro, o faz em alegoria, demonstrando nossos erros e nossas tarefas, e não as forças criadoras. Do contrário, acreditaríamos que seremos assim malvados pela eternidade.

Ao enxergarmos quão perfeito são os Orixás, que não há disputa entre eles, devemos copiar e encerrar as disputas aqui, descobrir e revelar a nós mesmos que as disputas são criações humanas, e não divinas.

Orai e vigiai, compreendendo as forças puras e perfeitas de Deus e dos Orixás, mirando, assim, sua existência nesses mitos e na figura de nosso ancestral comum, o mestre Jesus.

Caboclo Mata Virgem

1 Coríntios 4:1

❝ Portanto, que nos considerem como servidores de Cristo e administradores dos mistérios de Deus. ❞

Enquanto os humanos lutam em sua maioria para serem senhores, serem reis, príncipes, rainhas, donas, proprietários, possuidores, diretores, os cristãos e os filhos de Orixá, todo povo de santo, busca ser servo. Os filhos da Umbanda, em todo momento de suas vidas sacerdotais, querem e almejam servir. Querem se entregar de corpo, mente e alma a Deus e aos Orixás, se colocam à disposição para que espíritos abnegados servos dos Orixás tragam a Luz e o amor celestial por meio das incorporações, e assim se curvam diante de outras inteligências, com clara submissão e servidão.

Desde a passagem de Jesus Cristo, os cristãos deveriam seguir o exemplo de um Mestre, portanto, se apresentarem como aprendizes. Deveriam seguir e servir a apenas um senhor, pois como disse Jesus, não se pode servir a dois senhores, e todos deveriam servir a Deus como ele.

As palavras, os gestos e as nomenclaturas atribuídas a Deus e a Jesus nunca nos deveriam inspirar outro caminho que não o do serviço, o de sermos servos, servidores de Deus, Jesus, o mestre, o Rei, o Deus filho, Cristo, o regente planetário e assim por diante. Deus, o Pai, o Senhor dos Senhores, rei dos Reis, onipresente, onisciente, enfim, tudo nos move em direção à submissão amorosa e ao serviço prestado, desinteressado, e não almejando o lugar de Dono, de rei, de Senhor.

Como podemos ainda pensar em sermos senhores? Em sermos proprietários, exploradores? Os Orixás são reis, os reis míticos de toda a criação, e todos nós, sem exceção, somos seus súditos, e ninguém jamais poderá tirar dos Orixás suas Coroas. Seremos sempre súditos, servos dos Orixás. Então, como alguns babalorixás podem se portar como reis? A vida nos ensina sempre, por isso seremos aprendizes eternos. Temos o nosso mestre, e a ele seremos fiéis servos, tal como disse o apóstolo Paulo. Somos servidores de Jesus (em algumas traduções, servos de Jesus), e não nos sentimos menosprezados por isso, mas, sim, felizes em crermos e entendermos nosso papel como servidores, como alguém que dá, que leva, que faz.

A assertiva paulina ainda deixa claro que devemos nos preocupar em mais dar do que receber, em prestar auxílio, em amar, em servir, pois servidor é aquele que faz, e não aquele que recebe. Paulo completa, com sua sabedoria própria, que além de servos de Jesus, somos administradores dos Mistérios de Deus, pois somos os herdeiros de Jesus, somos os herdeiros dos Orixás, que são a magia e a força divina na Terra, portanto, são os mistérios do Criador.

Como herdeiros, nossa missão é garantir que esses conhecimentos sejam levados aos ouvidos prontos e certos, aqueles que serão capazes de garantir que os mistérios serão respeitados e levados adiante para os próximos herdeiros. Somos administradores também, pois, como disse Jesus, devemos com nossa fé seguir seus passos e iluminar a Terra com os Orixás. Por essa razão, ritos, pontos e reformas morais íntimas nos aprontam para o serviço abnegado de caridade em nome de Deus, dos Orixás e de Jesus Cristo.

Somos servos de Deus, dos Orixás e de nosso Mestre Jesus. Somos administradores encarnados do Axé, dos mistérios da face infinita de Deus, de Olorum, de Zâmbi.

Exu Sr. Marabô

Thiago 1:27

" **A religião pura e sem mancha diante de Deus, nosso Pai, consiste em socorrer os órfãos e viúvas em seu sofrimento e não deixar-se corromper pelo mundo.** "

Devemos estar sempre diante de Deus, pois, como diz os mandamentos de quase todas as religiões, devemos ter em primeiro lugar o Criador. Ele é tudo e o Todo-Poderoso. Ele é o início e o fim de todas as coisas, portanto, deveríamos sempre buscar levar nossas ações, palavras e pensamentos primeiro diante Dele e nunca mais nos deixarmos levar pelas paixões, que nos retiram do caminho da Luz. Assim, não perderíamos o controle sobre nossas línguas e nossos pensamentos.

Isso, principalmente, quando falamos de religião ou estamos procurando encontrar o caminho da vida espiritual, que é o caminho de Deus, dos Orixás. Por isso, se buscamos uma religião mais pura, verdadeira, isto é, mais amparada pelo Criador, devemos buscar compreender e executar a nossa fé e nossa religiosidade diante de Deus. Quando agirmos dessa forma, perceberemos que nosso trabalho sempre será o de socorrer e auxiliar os aflitos e sobrecarregados, os desassistidos e abandonados, os doentes e solitários, os que estão em dor ou perdidos nas Trevas.

A assertiva frase bíblica de que a religião, diante de nosso Pai, é aquela que socorre os órfãos significa que devemos amparar aqueles que estão sem pai e sem mãe, não apenas os órfãos literalmente falando, mas todo o ser perdido por não ter mestres, Luz a guiá-los na vida, mãos a corrigirem suas ações ou colo a socorrerem-nos em momentos de perturbação e dor. Assim, órfãos são todos os que não estão amparados e guiados por uma Luz.

A mensagem também nos incita a socorrer as viúvas em seu sofrimento. Aqui não se trata de mulheres que perderam seus maridos apenas, e sim das pessoas que, em virtude de infortúnios, não podem se ausentar, não podem conduzir a educação e o amparo aos seus filhos, assim como das pessoas que estão sem companheiros e companheiras a ladeá-las e ampará-las no caminho da vida, de todos que sofrem a dor da solidão e da perda de seus entes queridos, que precisam da Luz da vida eterna, que necessitam de ajuda para alimentar seus corpos, mentes e almas. Viúvas são aquelas pessoas que não conseguem, sozinhas, caminhar diante de uma terra de posses e fama.

Esses são, portanto, a maioria dos humanos encarnados e desencarnados que a religião deve socorrer e amparar. Devemos fazer isso com a vigília necessária para que não nos deixemos corromper pelo mundo, que inspira o isolamento, a ganância, o egoísmo, que nos mostra a todo o momento, enganosamente, que os órfãos e as viúvas podem sair se quiserem de seus estados de dor, basta se esforçarem, pois cada um deve conquistar por si seu espaço. Quando a carta nos exorta a não nos corrompermos, nos mostra que devemos exercitar nossa mente e nossa fé na caridade, na solidariedade e afastar de nós o egoísmo e o individualismo.

O mundo, nas palavras abençoadas, é a matéria, o dinheiro e as paixões. Não nos deixemos tomar por esse mundo material, e sim pelo mundo da verdade, o mundo de Deus. Que diante Dele, estejamos prontos e preparados para socorrer e amparar órfãos, viúvas e todos aqueles que estão cansados e sobrecarregados, pois somos herdeiros de Jesus, discípulos abnegados dos Orixás, que nos gritam para ampararmos os seus filhos perdidos no mundo.

Pai Tobias de Guiné

Marcos 8:36

" De fato, o que adianta uma pessoa ganhar o mundo inteiro e ter a própria vida destruída? "
(Jesus)

Fazendo sua preleção a uma multidão que o seguia, Jesus anunciou que, como estava escrito, ele sofreria e sentiria a ira e o ódio daquela geração adúltera. Ao fazer isso, demonstrava como os homens e as mulheres daquela época se importavam em adquirir e acumular coisas, serem bem-sucedidos, ricos em suas vidas materiais e profissionais. Naquela época, as pessoas demandavam mais tempo em possuir bens do que em se preparar para o espírito. Preocupavam-se mais com conquistas do que com amor e solidariedade.

Vendo e sentindo isso, Jesus disse a todos: "O que serve a vocês possuir e conquistar o mundo todo, se com isso e por isso sua vida ficar destruída?" Ou poderia ter dito: entre escolher ter coisas, conquistar terras e salvar sua vida, o que vale mais a pena?

Por certo, em uma situação de risco, de vida ou morte, não serão medidos esforços para que a vida persevere, dure mais. Quantas fortunas são gastas para salvar alguns dos membros de um clã? Quantas são as pessoas que demoraram uma vida para acumular e em poucos meses perdem tudo buscando salvar a si ou aos seus?

Nessa lição, Jesus mostrava que devemos com mais intensidade salvar nossas vidas, salvar aquilo que temos de mais precioso, que é a vida. Não apenas a vida na carne, mas em especial a vida em espírito, pois esta é eterna.

Ainda bem que isso acontecia há dois mil anos, pois após a passagem do Mestre Jesus, todos aprenderam, e hoje não buscamos mais conquistar tudo a qualquer custo, pois estamos mais voltados à vida ao espírito, nosso e de nossos irmãos, não é mesmo?

Pai Tobias de Guiné

Romanos 10:3

" É que desconhecendo a justiça de Deus e buscando estabelecer a própria justiça, não se sujeitaram à Justiça de Deus. "

Os homens e as mulheres são quase que por natureza soberbos e arrogantes, querem a todo tempo imitar a Deus, ser como Deus, desde os tempos mais remotos até os dias de hoje. Não é à toa que a maioria dos povos da antiguidade e alguns até hoje querem compreender e ver Deus com características humanas, desde aparência até as questões psicológicas. São os chamados deuses antropomórficos.

Quando falo disso, muitos de vocês irão imaginar os povos greco-romanos, com Júpiter e Netuno, ou Zeus e Afrodite, mas a maioria dos povos herdeiros do cristianismo e dos hebreus, incluindo nesses os mulçumanos, compreende Deus com a natureza humana, afinal, no Antigo Testamento está escrito que Deus fez o homem à sua imagem e semelhança. Sob o ponto de vista da matéria, Deus, portanto, teria características humanas.

As pinturas e os afrescos que tentam retratar Deus em nada se assemelham ao humano, pois somos apenas uma de suas criações. Imaginemos quantos povos existem em outros mundos, outros planetas e de como tem natureza física e psicológica diversa da nossa. Por um acaso não são eles filhos do mesmo Deus? E os animais? Eles não são filhos de Deus? E os seres elementais que permeiam toda a criação e todas as manifestações da natureza, não são filhos de Deus?

Por certo, a natureza da face divina é misteriosa, desconhecida e, com certeza, diversa de um homem ou de uma mulher. Mesmo assim, baseamos nossas vidas em querer imitá-lo, como disse Paulo aos Romanos, quando afirmam que os humanos queriam estabelecer uma justiça própria, pois desconheciam a Justiça de Deus. Os homens e as mulheres não estabelecem justiça, pois desconhecemos toda verdade, o início das reencarnações, desconhecemos a origem de cada um dos envolvidos e de suas histórias enquanto humanos e enquanto seres antes de humanos. Desconhecemos sua vida espiritual, suas vidas terrenas. A nós é permitido e possível conhecer apenas um lampejo da existência de um ser. Sendo assim, como poderemos estabelecer justiça? Como poderemos nos dizer justos ou julgadores corretos, se não sabemos todos os elementos que envolvem aquela pendência, aquele conflito?

Por essa razão, para os povos sudaneses, nagôs e até para uma parcela importante de bantus, a Justiça verdadeira só é aquela de Olorum, o Deus único. A Xangô é dado o poder da Justiça divina, e ele o faz em nome e a mando do senhor que tudo sabe, o Olorum. Quando causídicos, togados e magistrados se arvoram a dizer que buscam ou julgam conforme as mais lídimas justiças, pensam como seres que ainda querem tomar o trono do Pai; desconhecem a Lei de

Deus e tentam por si estabelecer a própria justiça. Vejam que isso perdura até os dias de hoje.

Ao querer criar suas justiças, ser mais que Xangô, os juristas não se sujeitam à Justiça de Deus, crendo que a fazem com suas próprias mãos. No entanto, não há nada nem ninguém que substitua a única justiça, que é a de Deus. Os homens deveriam chamar seus tribunais não de justiça, mas de centros de combate de conflitos, lugar de apaziguar ânimos, de se manter o estado das coisas inalteradas. Ao contrário da justiça do homem, a justiça divina quer mudar o estado das coisas, e não mantê-las inalteradas. O que essa justiça de humanos faz é a manutenção do estado atual das coisas e das pessoas (*status quo ante*), por isso só há uma justiça e só há um julgador verdadeiro: Deus, que a executa por intermédio de Xangô.

Por isso, usem os tribunais humanos para a garantia mínima de direitos, de buscar reparação das coisas, de lutar por um mundo melhor. Não creiam que de um tribunal humano um dia haverá justiça, pois lá só existirão coisas de humanos, lembrando que a verdadeira justiça é a de Deus.

Baiano Seu Zé da Ladeira. Criado de Oxalá e servo de Ogum

João 14:6

❝ **Eu sou o caminho, a verdade e a vida.** ❞
(Jesus)

Jesus, como o grande mestre de nossa era, nos mostra os desejos e as normas de fé e de amor. É Ele quem nos traz o modo pelo qual deveríamos nos portar diante de situações mais variadas de nossas vidas. Por isso, próximo ao momento da Paixão, em conversa com seus discípulos, o mestre nos dá a valorização: "eu sou o caminho, a verdade e a vida".

Nas tribos de meu povo e da grande maioria dos povos africanos meridionais e de indígenas das américas, a voz dos ancestrais, ao lado da voz dos anciões, era respeitada e seguida. Jesus é o ancestral, é a Luz que guia os caminhos de todos nós, nos brindando com sentenças cheias de verdade e de Luz. Suas palavras, seus discursos e suas assertivas eram pequenos, mas profundos. Jesus como ancestral nos diz que ele é o caminho, a verdade e a vida, pois aquele que o conhece, conhece seu Pai, aquele que o vê, vê seu Pai. Dessa forma, mostra sua ligação profunda com o Criador.

Na mitologia yorubá e na mitologia dos bantus, os reis e sacerdotes que conduzem sua vida com dignidade e destaque real migram para Orum e vivem com o criador Olorum, ou seja, para esses povos, o caminho da verdade e da vida era seguir os exemplos de liderança e de dignidade. Jesus nos mostra exatamente isso, pois ele sendo digno e traduzindo sua vida em paz e amor teria vida ao lado de Olorum. Aliás, Jesus falou diversas vezes que se sentaria ao lado direito de Deus Pai.

As culturas, apesar de distantes geograficamente em suas origens, compreendem da mesma forma que os ilustres ancestrais nos mostram o caminho da verdade e da vida. Jesus é um ilustre ancestral, é o ilustre ancestral da Umbanda. Compreendendo isso, saberemos como chegar a viver ao lado de Olorum, a vivermos no Orum, em paz. Ao seguirmos seus passos e os de outros ancestrais, conseguiremos vencer de uma vez por todas os nossos males, que prendem nossas vidas ao turbilhão de emoções da Terra; liberaríamos orgulhos, egoísmos, raivas e ódios que tanto nos afetam, substituindo-os por sentimentos que não nos foram ensinados, como o amar ao próximo e amar a Deus sobre todas as coisas. Jesus nos ensinou, nos mostrou o que fez primeiro, sofreu para nos mostrar o caminho vivenciado, e não o teórico. Ainda hoje os homens leem Jesus, citam Jesus, falam que acreditam nele, mas será que na realidade seguem seu exemplo? Pare e reflita: você segue o mesmo exemplo de Jesus, dos Pretos Velhos e de outros ilustres ancestrais iluminados de Aruanda ou continua acreditando que isso é impossível?

Jesus falou: "eu sou o caminho, a verdade e a vida, quem quiser chegar ao meu Pai deve fazê-lo como eu faço. Vamos encerrar o ciclo de sofrimento seguindo o senhor do fardo leve, o homem a nos brindar com o jugo suave, e logo gozarmos de umas das moradas na casa de nosso Pai".

Pai Tobias de Guiné

João 7:18

❝ **Jesus disse: quem fala por si mesmo busca a sua própria glória.** ❞

O que queremos de nossas vidas? O que queremos de nosso sacerdócio? Essas perguntas deveriam ser feitas diariamente por todos os umbandistas e, em especial, por todos os médiuns, pois devemos sempre analisar a quem servimos na nossa mediunidade. A que propósito ofereço ao destino meus trabalhos e minhas energias? Sejamos sempre honestos conosco, pois se assim o fizermos, sempre conduziremos o nosso trabalho espiritual e a nossa vida ao caminho da verdade.

Quando estamos mediunizados, incorporados, a quem servimos? Estamos buscando reconhecimento? Fama? Dinheiro? Sexo? Estamos em busca de aliviar os aflitos e sobrecarregados, despertar a chama da Luz divina em suas almas? Estamos prontos para dar a glória da cura, do amor, da magia, da transformação a quem? A nós ou a Deus e aos Orixás? Jesus, em mais uma de suas singelas e profundamente sábias palavras, dá a todos os filhos a real necessidade da análise.

Você fala por si ou fala em nome de Deus? Você fala para ganhar aplausos ou para mostrar a face dos Orixás? Quem fala por si recebe a própria glória e não plantou nada, mas aquele que fala por Deus e age em nome Dele terá uma colheita mais feliz, e a glória será a de Deus.

Analise-se sempre e faça como Jesus. Lembre-se de que as boas obras são de Deus, e os erros são seus, pois assim será um discípulo real e um verdadeiro umbandista.

Exu Sr. Marabô

Mateus 27:24

"Pilatos viu que não conseguira nada e que, além disso, poderia haver uma revolta. Então mandou trazer água e lavou as mãos diante da multidão dizendo: 'Eu não sou responsável por este sangue, a responsabilidade é de vocês'."

A figura de Pôncio Pilatos é de uma oportuna lição desde o início dos tempos. Sempre os homens e as mulheres com poder se submetem não ao que é justo, ao que é correto, e sim em como manterem seus poderes e suas casas. Ditados populares recheiam a humanidade dizendo que para conhecer a justiça e o caráter de um homem basta lhe dar o poder. Ou como uns dizem, quer conhecer Horácio, coloque-o no palácio.

Pois bem, nas mãos de um governador da Judeia estava a presença de um homem justo, como sua própria esposa o testemunhara ao dizer a Pilatos que havia sonhado com Jesus e esse não merecia o açoite. No entanto, vendo uma multidão querendo sangue graças à inveja e maledicência de alguns, preferiu agradar a plateia e não agradar ao senhor da Justiça. Pilatos não lavou as mãos, Pilatos as sujou de sangue, pois a ele foi dado o direito de escolher o justo, mas preferiu o poder e a ganância. Pilatos não só se omitiu diante de sua tarefa como, de forma acovardada, se escondeu diante dos súditos, a dando-lhes a suposta responsabilidade pelo fim de Jesus.

Quantos pais e mães de santo não são como Pilatos? Quantos padres, pastores, monges, sacerdotes e dirigentes não fazem o mesmo que Pilatos? Diante do poder de conferir aos fiéis a palavra da verdade e da justiça se amedrontam e atendem aos caprichos dos homens, e não de Deus.

Jesus, mais de uma vez, avisou que não se poderia servir ao homem; não se serve à carne, e sim àquele que da carne não é, isto é, o Senhor Deus. Diariamente, Pilatos de várias roupagens diante de uma necessária e dura decisão, que poderá gerar revolta e gerar desprazer, se escondem atrás de seus consulentes e filhos, alegando que apenas fez o que lhe pediram.

A quem é dado o poder, seja clerical, espiritual, psicológico, político, financeiro ou de outra ordem, não se espera o agrado, mas, sim, a justiça. Espera-se que essa pessoa siga os passos do justo, e não do popular. Se na Terra habitam almas endividadas com a Lei, e estas estão carentes de Luz, é justo dar a elas o poder de decidirem sem a orientação adequada? É justo se esconder entre os povos para se diluir a decisão?

Sacerdotes de Umbanda, não sejam como Pilatos, não aceitem o que lhe pedem, somente cumpram com a sua missão, que é a ordenança dos Orixás, a força absoluta de Deus e da justiça. Não aceitem que lhe peçam para compactuar, aceitar ou fazer o mal, pois vocês serão mais culpados do que aquele que lhe pediu – lembrando que quem solicita pode estar aflito ou cego por causa das dores, pode estar em ignorância, mas a você foi dado a coroa, a você é cobrada a decisão de seguir um só senhor, o Deus, nosso Pai Olorum, Zâmbi. Se lhe pedem coisas alheias a Deus, não faça. Não sejam como Pilatos, e sim como Paulo de Tarso, que diante de sacerdotes sedentos por sangue testemunhou a vida de Jesus. Ele não agradou os poderosos, mas cumpriu com o chamado divino.

Quem vocês querem ser? Pilatos ou Paulo de Tarso?

Exu Sr. Marabô

Mateus 11:25

❝ **Nessa ocasião Jesus começou a dizer: 'eu te louvo, ó Pai, Senhor do Céu e da Terra, porque escondeste estas coisas aos sábios entendidos e as revelaste aos pequeninos'.** ❞

Na Umbanda, como em todas as religiões, a arrogância, a vaidade e o orgulho são tidos como os grandes inimigos dos pastores e dos médiuns. O Caboclo das Sete Encruzilhadas, em mais de uma ocasião, alertou os umbandistas sobre o perigo da cegueira, do orgulho e da vaidade. Muitos são os espíritos que trazem mensagem semelhante em insistente discurso, alertando assim os filhos e fiéis. O orgulho cega e ensurdece. O orgulho é a beira do precipício.

A Umbanda não cansa de alertar e de avisar a pais e mães de santo e aos filhos de santo que o orgulho poderá ser a porta de entrada da queda mediúnica e a perdição de casas inteiras.

Jesus, nosso maior mestre, em diversas oportunidades demonstrou que o orgulho era inimigo de Deus e da iluminação. Aqui a palavra do Messias deixa claro em sua louvação a Deus, em meio a seus discípulos, que Deus, em sua infinita bondade e sabedoria, entregou a verdade aos humildes, aos pequenos, pois se entregasse aos ditos sábios e entendidos, estes iriam desvirtuar a nobre mensagem, que liberta e democratiza a Luz, e não dá a poucos o suposto direito de falar e de ter Deus consigo.

Jesus, ao gritar aos ventos que louvado era o grande Pai, revelou aos pequenos as maravilhas da verdade. Disse que apenas àquele que se entender pequeno, que se mostrar apto a sempre aprender, as revelações irão suceder, pois aquele que já crê ser sábio ou entendido, o que se pode agregar?

Jesus nos mostra a todo instante a importância de nos mantermos sempre prontos para novas descobertas, novos ensinamentos, com coração humilde e cheio de amor fraternal, visto que dessa forma sempre seremos pequenos diante do Criador. Escute o mestre: "Fazei de vós pequeninos, pois os pequenos serão os grandes na terra de Deus".

Sejamos nós discípulos desse mestre e sejamos pequenos, puros e eternos aprendizes a escutar as boas-novas provindas dos Orixás.

Exu Sr. Marabô

Marcos 7:15

❝ Não existe nada de fora da pessoa que ao entrar nela possa torná-la impura. Mas o que sai da pessoa, isso pode torná-la impura. ❞

Jesus foi o homem que releu as tradições e as leis. Teve a coragem e a iluminação para mostrar aos homens que muitas coisas escritas antes dele eram mal interpretadas ou deveriam ser revistas. Muito da tradição hebraica se faz em torno de alimentos tidos como impuros, que ao comê-los a pessoa se tornaria má, impura. Assim, a carne de porco e outros alimentos eram proibidos e condenados. Jesus afirmou, no entanto, que não era isso que tornava os homens e as mulheres impuras, não era o que comiam, mas, sim, o que pensavam, falavam e agiam. Dizia a seus discípulos que o alimento entra na boca, vai ao estômago e depois acaba na fossa, mas aquilo que vem do coração, isso sim pode tornar a pessoa impura. A raiva, a inveja, o ódio, a arrogância, a blasfêmia e outros vícios tornam os seres impuros.

A mensagem não é a liberação para os homens e as mulheres comerem o que quiserem, não veio aumentar o cardápio dos glutões, pois isso é de menor importância diante da verdadeira mensagem. O que Jesus trouxe foi a preocupação que cada um deve ter com seus pensamentos, com suas palavras e com seus atos. A isso deve um fiel tecer o tempo com muita precaução.

Nossas almas ainda estão cheias de senões e de erros. Devemos ter muito cuidado com o que sai de nós, porque ao sair não nos pertence mais, mas o resultado disso sim. Nossos pensamentos, assim como as falas ou ações machucam, destroem, promovem o mal, portanto sou responsável por eles e suas consequências. Devemos, assim, nos preocupar muito com nossa reforma íntima, nossa forma de ver o mundo e com aquilo que pensamos e falamos.

Também nos é revelado pela palavra profética de Jesus que a impureza não vem de fora, ou seja, não são os quiumbas, os magos do submundo astral, os obsessores que nos impelem a maldade, eles apenas exploram as impurezas que possuímos. Nada de fora pode me tornar impuro. Basta me purificar de forma real e verdadeira que não haverá impurezas que os quiumbas possam explorar. Isso nos dá a dimensão que não podemos esconder os erros e vícios dizendo que são de outros, que nos fizeram cometer tal absurdo, pois há 2 mil anos se diz que nada que vem de fora pode me tornar impuro.

A Umbanda ajuda a limpeza com banhos, defumações, trabalhos e magias, mas isso serve para nos acalmar, nos confortar e nos dar força para a real purificação, que se dá na construção de um caráter tão forte e puro que não poderá mais ser tentado ou amaldiçoado.

É possível um quiumba colocar impurezas dentro de um Preto Velho? É possível os magos do submundo astral contaminarem um Exu? Certamente que não, pois nada que vem de fora pode me tornar impuro, purifico o meu eu há centenas e centenas de anos. Espero que todos vocês façam assim, cumpram com os dizeres de Jesus e, enquanto estiverem na batalha da purificação, tomem os banhos, os passes, façam as consultas e as magias, para que o de fora não explore suas fraquezas.

Exu Sr. Marabô

Mateus 10:24-25

❝ O discípulo não está acima do mestre, nem o servo acima do senhor. Basta que o discípulo se torne como seu mestre, e ao servo como seu senhor. ❞

Na Umbanda, o mestre dos mestres é o ancestral conhecido como Jesus. Dele derivam os ensinamentos de conduta e de comportamento, derivam do mestre a nossa postura diante dos demais seres humanos, dos espíritos e dos seres criados por Deus. Derivam do mestre de Nazaré nosso olhar de cuidado e amor que compreendemos sair do Deus supremo em direção a todos os seres. Jesus moldou a sociedade que vivemos de forma a dar a cada um a possibilidade de viver em paz, de amar e de encontrar o caminho da verdadeira felicidade.

Todos conseguem entender que o exemplo de Cristo deve ser seguido e que ele deixa claro o papel dele enquanto mestre, em destaque quando nos diz que ele é o caminho, a verdade e a vida. Suas palavras associadas ao seu exemplo nos mostram como é de fato o Mestre da Humanidade. Há certa clareza em entender que Jesus Cristo é o regente de nosso planeta, sendo o emissário divino que auxilia a elevação dos seres humanos em direção ao Pai, o Todo-Poderoso. É o grande dirigente dos espíritos celestiais que buscam a transformação e a reforma espiritual de nossa coletividade.

Emissário direto de Oxalá, Jesus vai ao encontro dos ensinamentos e das compreensões de muitos povos africanos, dando vida a interpretações dos mitos dos Orixás, e traz a nós uma forma clara de entender o caminho de filhos de santo em nossa amada Umbanda. Aqui na passagem transcrita por um dos apóstolos, Jesus nos dá de sua boca a informação que o discípulo não está acima do mestre e que bastará ao discípulo se tornar o mesmo que seu mestre.

Sua forma simples e ao mesmo tempo profunda de enunciar os conhecimentos ocultos e verdadeiros da espiritualidade nos move a sermos humildes, tolerantes, respeitosos, amorosos e pacientes. Não devemos querer ser melhores do que os outros, não devemos ficar a todo instante buscando viver em competição e confrontação, disputando quem de nós está acima ou abaixo. Devemos perceber que nosso trabalho será aprender a ser como o nosso mestre, e não ser melhores que ele.

"Mestre Jesus, quero ser como vós, me ensine, pois compreendo que o caminho da verdade e da vida passa por me transformar em vós". Podemos nos balizar nessa informação e compreender que todos chegaremos no mesmo lugar, e não fará diferença se seremos os primeiros ou os últimos, mas é importante não postergar o início do nosso caminhar.

Se somos servos de Deus, servos de Jesus, servos dos Orixás, sabemos que não seremos mais do que nosso senhor, mas queremos nos transformar iguais aos nossos senhores.

Jesus dá a nós a clara informação de que todos os seres criados, na construção de seus méritos e qualidades, conseguirão se transformar em Orixá, em almas iguais a Jesus.

Mãos à obra, pois juntos conseguiremos com mais facilidade e amor, sejamos iguais, sejamos um, sejamos Cristo.

Pai Tobias de Guiné

1 Coríntios 1:4

❝Agradeço sempre a Deus por causa de vocês [...].❞

Iniciando a sua carta aos discípulos de Coríntios, o apóstolo Paulo pede a Deus, rende a Deus seus obrigados por ter conhecido e vivido entre aquele povo. Nada mais gratificante para quem se dedica a servir a Deus do que encontrar seres dispostos a exercer o amor que Jesus tanto pregou. Em meio aos desafios, às dificuldades e privações, quando um sacerdote encontra almas dispostas a com ele dividir seu caminhar rumo ao Pai, isso tem efeito de bálsamo, tem efeito de remédio que tira a dor e alivia o cansaço.

Paulo, em suas viagens, em suas prisões e açoites, buscava rechear seus dias ministrando tudo que sabia, dando tudo que tinha, pois não sabia quanto tempo mais ficaria na Terra. Não mediu esforços, nem permitiu que as perseguições abalassem sua fé. E foram os povos que receberam a Boa Nova que deram o combustível para Paulo. Foram almas que queriam viver em Jesus como ele que proporcionaram momentos de alegria e regozijo na vida do apóstolo.

Em diversas ocasiões, Paulo agradeceu a Deus e aos humanos por receberem a Boa Nova, por aceitarem as cartas, por receberem a ele e a seus amigos, como Timóteo e Tito. Agradecia e se enchia de esperança, porque sabia que seu suor estava sendo de muita valia.

Os sacerdotes não devem medir suas ações pelos aplausos, claro está que todos os servidores devem sempre estar voltados para a verdade, e toda verdade provém de Deus, e assim dos Orixás. Nos momentos de fraqueza, de timidez, de dor, deve o sacerdote observar todas as almas que por intermédio dele foram tocadas, lembrar quantas entidades fizeram e fazem uso de seus aparelhos mediúnicos para manifestar o Axé dos Orixás aqui na Terra. Deve se apegar àqueles que estavam sobrecarregados, doentes, desiludidos e que nos trabalhos de caridade foram abençoados pelos Pretos Velhos, pelos Exus e Pombagiras, pelos Caboclos.

Deve o sacerdote perceber que muitos nunca agradecem, nunca sequer voltarão, mas ele não fez pelo obrigado, e sim para agradar ao Pai deles, fez para agradar a Deus. Deve perceber como é belo o trabalho, como pode dar esperança, fé e certeza de que deve continuar, pois não quer agradecimento, mas, sim, ver os irmãos, os filhos dos Orixás felizes e prontos para a elevação espiritual. Ninguém precisa saber da sua participação nisso, basta se perceber e agradecer a essas almas que proporcionaram momentos de tanta lucidez, amor e superação.

Por isso, meus filhos, eu agradeço sempre a Deus por causa de vocês.

Pai Congo Benzedeiro Santo de Aruanda

Tito 2:8

“ [...] propondo a mensagem sadia e irrepreensível, para que o adversário fique envergonhado por não ter nada de mal de ser contra vós. ”

A vida de um sacerdote, daquele que se propõe a exercer a mediunidade sadia em prol da caridade, como ocorre na Umbanda, demanda correção de comportamento, de moral e, principalmente, de fé, para que Deus e os Orixás, por meio de nós, guias e protetores espirituais, possam levar a vocês o alento e a Luz para o caminho da verdade e da fé.

Tanto um sacerdote quanto um médium devem cuidar sempre de suas ações, de seu cotidiano, de suas falas e de seus pensamentos. Afinal, ao se tornar um sacerdote, ao adentrar em uma corrente mediúnica, se torna parte daquela religião. As ações de médiuns de correntes de Umbanda dizem sobre o terreiro, sobre os pais e mães de santo e sobre a raiz a que pertence sua casa e a própria Umbanda. A Umbanda é julgada e medida pelas ações, palavras e pelos pensamentos de seus sacerdotes.

Aqui os discípulos de Jesus enviam aos patriarcas e aos líderes da fé cristã um movimento de espíritos encarnados que levavam a diversos povos a palavra e o exemplo de amor de Jesus, mostrando-nos uma carta que trata de forma clara como o comportamento e as ações dos sacerdotes repercutem na vida de toda igreja, de toda religião.

Diz a carta que devemos cuidar da mensagem cristã, que ela seja sempre proferida e praticada de forma sadia e que seja irrepreensível. Esse é o cuidado que os sacerdotes devem ter, para que aqueles que não querem que a prosperidade da mensagem do amor universal se propague não tenham como atingir a religião. Vejam que a carta diz que os adversários da fé devem se sentir envergonhados e estabelece que aos cristãos não há inimigos, pois não terão nada de mal para falar nem testemunhar contra os sacerdotes. A mesma coisa poderia ser dita afirmando que os erros, vacilos e desafios éticos e morais dos sacerdotes irão dar aos adversários munição, armas para ferirem a lição, a fé, a religião, afastando almas do caminho de Luz.

Essa mensagem mostra aos sacerdotes e, em especial, aos pais e mães de santo, a imensa responsabilidade de cuidar mais de seus atos, palavras e pensamentos, para que aqueles que não aceitam a Umbanda como um caminho a Deus não consigam deferir golpes contra essa fé. É preciso ter responsabilidade pelas lições descuidadas e por comportamentos descuidados, pois esse é o meio que os adversários conseguirão as armas para macularem a Umbanda. As almas que deixarem de buscar o caminho de Luz motivados por esses ataques serão, em parte, culpa desses que se descuidaram.

Ser médium de Umbanda, fazer parte de uma corrente, ser sacerdote, ser pai de santo ou mãe de santo é saber cumprir o que foi ensinado a Tito no primeiro século da era cristã. Apesar de quase 2.000 anos depois, a lição é tão viva quanto vocês que leem este texto agora.

Que a mensagem, os ritos e o trabalho de vocês na Umbanda e na vida sejam sadios e irrepreensíveis, para que mais e mais almas consigam achar o caminho da liberdade e da Luz.

Pai Tobias de Guiné

Coríntios 1:19

“ Destruirei a sabedoria dos sábios e rejeitarei a inteligência dos inteligentes. ”

É curioso como ontem e hoje as pessoas buscam a sabedoria como o conhecimento acumulado de determinados pedaços das áreas de saber. Doutor é aquele que sabe muito de um determinado ponto de uma questão dentro de um conteúdo programático; mestre é aquele que esgota o "saber" de determinado assunto dentre os vários que compõem aquele pedaço de matéria. Mestre Jesus seria o que, então? Buscamos a sabedoria por meio de acumular e crer que o simples conhecimento é suficiente para nos tornar melhores, mestres, sábios.

Entretanto, há aqueles que elevam a categoria de saber e de sábios a um outro nível, seriam aqueles que conhecem o assunto e conseguem colocá-lo em prática. Assim, uma pessoa, para se tornar sábia, deverá conhecer a matéria e aplicá-la, ou seja, não basta ler sobre o amor e a compaixão, é preciso vivenciá-los.

Muitas descobertas ainda estão por vir, muitas das certezas presentes na vida de vocês são ilusões e pilares frágeis que em breve serão colocados abaixo por novas teorias e novas leis da física, da química, da biologia, e tudo aquilo que um doutor, um mestre, um sábio nessas matérias possuir será mentira, pois se descobrirá que não são verdades. Nesse momento, os sábios serão tidos como? Os doutores perderão a abreviação sua?

A sabedoria verdadeira reside na verdade, a verdade é uma e reside em Deus, reside na força motriz criadora do Universo e dos espíritos. Olorum é a anterioridade, e apenas ele pode ser sábio. Somos e seremos aprendizes, buscadores infinitos da sabedoria divina, que em nada se assemelha a conhecer leis, filosofar ou ser doutor em teologia. A sabedoria divina é mais poderosa que o mais poderoso dos seres. Como disse Paulo, as fraquezas da sabedoria divina são infinitamente superiores ao mais forte e sábio teorema humano.

Com a chegada de Jesus, os doutores, os anciões e os sábios judeus, os sumos sacerdotes o condenaram e perseguiram não só a pessoa de Jesus, mas também seus discípulos e suas palavras, seu exemplo e sua sabedoria. Os gregos, tão familiarizados com a filosofia e a busca incessante do saber, juntamente com os romanos, não buscaram a verdade, a sabedoria, e sim artifícios para comprovarem suas teses e não a verdadeira tese. Desse tempo já se passaram dois milênios de história, mudando personagens, atores, mas mantendo roteiro.

Veio Maomé e foi perseguido, e seus seguidores passaram a perseguir quem pensa diferente. Veio Shakiamune Buda e foi perseguido; vieram os alquimistas e foram queimados. Em todo momento histórico, os sábios da Terra não querem saber, apenas provar que estão certos. Por isso, Paulo, em sua sabedoria divina, disse que a sabedoria do homem é passageira e apenas a sabedoria de Deus é verdadeira, por isso está escrito que Deus disse aos humanos: "Destruirei a sabedoria dos sábios e rejeitarei a inteligência dos inteligentes, pois para que a Boa Nova possa chegar, velhas teorias devem sumir". Como podemos aprender o novo, a verdade, se ainda não entendemos que muitas vezes é preciso desaprender para de fato aprender. Quem tem o conhecimento e crê que ele é tudo e o suficiente não é capaz de esvaziar, de não conhecer para de volta aprender. Para carregar a carga da verdade é preciso descarregar as cargas da ilusão.

Que todos possamos desaprender, largar e esperar o novo brotar da fonte verdadeira da sabedoria de Deus, nosso pai maior, Olorum.

Exu Sr. Marabô

Mateus 5:39

" Eu lhes digo: não se coloquem contra o malvado. Pelo contrário, se alguém lhe bater na face direita, ofereça-lhe a outra também. "

    Jesus disse a uma multidão que estava a clamar por justiça, que buscava a condenação de um pecador, de uma pecadora, que soltassem as pedras, derrubassem de suas mãos o instrumento da vingança e da condenação. Segundo a Lei dos Profetas, que era lei do povo judeu, os pecadores seriam apedrejados, seriam amputados, era olho por olho e dente por dente. A lei de Nabucodonosor é tão antiga que mais de três milênios se passaram entre sua proclamação e os dias atuais. A lei de Talião foi derrogada há dois mil anos por Jesus, que afirmou sem deixar lacuna para uma interpretação diversa: "Está escrito olho por olho, dente por dente, mas eu, porém, vos digo que aquele que acertar-lhe a face direita seja a ele ofertada a outra face também".

    Se até aquele momento haveria indulgência para se vingar na mesma medida, se havia padrão para que os homens pudessem arrancar dos seus irmãos a força, Jesus trouxe uma Luz, dissipando as sombras da violência que imperava na vida e nas almas dos humanos. Se alguém bater-lhe em uma face, dê a outra. Como poderia ser mais explícito o mestre e regente planetário? Que lição de paz nos dá e por que ainda não a compreendemos?

A lição não é a humilhação em pedir ao agressor que continue a esbofetear sua face em ambos os lados, mas, sim, devolver o mal com o bem, a raiva com paciência, o ódio com amor, a guerra com paz. A outra face é o inverso, o antônimo, pois somente assim poderemos compreender a lição pacífica do caridoso mestre Jesus. Se propagarmos a agressão com mais agressão, não viveremos em paz, e sim na guerra. Se alguém me tem ódio e a ele devoto o mesmo sentimento, ou seja, uso a lei de Talião, eu propagarei o ódio. No entanto, se seguir a lei de Jesus, oferecerei ao portador do ódio que me agride a face direita a minha outra face, ou seja, o amor, e então cessará o ódio e iniciarei o plantio do amor.

A lição exige disciplina, sabedoria e boa vontade, mas é a única forma de se entender um semear de Luz e paz na Terra. Essa é a razão pela qual na Umbanda não demandamos contra os inimigos, não usamos as armas e as artimanhas dos quiumbas e dos falsos profetas para agredi-los, e sim usamos a outra face, pois assim contemplamos a face de Deus, e não a face do ódio. Não criamos campos energéticos com o objetivo de destruir ou machucar o oponente, e sim criamos campos para buscarmos elevá-los à Luz, para compreenderem o caminho da verdade. Não queremos fazer o mal, e sim fazer o bem.

Quem na Umbanda demanda contra seu inimigo não é umbandista; quem diz ser Exu e faz o mal não é Exu. Para sermos discípulos de Jesus e servos dos Orixás, precisamos compreender que Orixá é pai/mãe tanto de você quanto de seu inimigo, então por que escolheria um filho em detrimento de outro se ele é pai/mãe perfeito(a)? Crer que um Orixá demandará contra uma pessoa que é sua inimiga é crer que os Orixás não são criadores de toda a vida do planeta, é crer que haverá preferências, e isso é no mínimo ilógico, para não dizer uma sandice.

A Umbanda, a religião dos Orixás, dos ancestrais, é a religião da paz, e como Jesus nos ensinou, aprendemos a oferecer a outra face. Não temam, pois a outra face é sempre mais poderosa e perfeita.

Além disso, é preciso aprofundar o dizer de Cristo, que não só ordena a oferta da outra face como diz: "Não se coloquem contra o malfeitor", ou seja, quem somos nós para julgar? Para condenar? Devemos amar, buscar amar a todos, inclusive nossos inimigos. Portanto, aquele que proclama na Terra hoje que bandido bom é bandido morto, não conhece a Umbanda e muito menos a palavra de Jesus. Não se coloquem contra ninguém, nem mesmo contra um malfeitor. A nós é dado o poder de amar e de perdoar, e a Deus e a Xangô, a justiça.

Cuidemos de nossas faces, para que não sejamos nós os cumpridores de Talião, e sim do cristianismo. Cuidemos de nossos pensamentos, ações e palavras, para que não fiquemos contra nenhum dos filhos de Deus. Todos são filhos de Deus, dos Orixás, todos possuem a divindade em seus interiores, sejamos aqueles que buscam a Luz em todos, e não os que tentam cobrir a chama com abafadores.

Exu Sr. Marabô

Coríntios 9:19

❝ De fato sendo livre em relação a todos, eu me fiz servo de todos, a fim de ganhar o maior número possível. ❞

Repetidamente, escutamos que devemos servir a Deus, servir aos Orixás e por eles servir aos bons espíritos da lei de Umbanda. Ser médium é servir de ponte para que as almas de Aruanda possam trazer à Terra a Luz e o verbo dos Orixás e do Pai Maior. Ser cavalo de Umbanda é estar apto, selado, para que os cavaleiros dos Orixás possam trafegar na Terra e nas sombras levando a água do perdão e do amor dos Orixás.

Os Pretos Velhos nos ensinam diariamente a ideia de servidão, de como devemos pacificamente nos sujeitar ao senhor, como instrumentos na mão do carpinteiro para que casas de socorro sejam erguidas e funcionem. Os umbandistas, portanto, entendem a importância de estarmos a serviço de Deus, dos Orixás e concentrarmos neste senhor o único senhorio, pois não se poderá servir a dois senhores. O que muitos não entendem é que para ser realmente servo, é preciso ser livre, ou seja, não se é servo de

Deus sendo obrigado, empurrado e ameaçado, pois não seria assim servo, e sim escravo. Ser servo de Deus pressupõe vontade clara e livre de assim escolher.

Paulo, o apóstolo, nos mostra em mais uma de suas brilhantes assertivas que apenas sendo livre de fato é que ele pode ser servo. Diz isso ao demonstrar àqueles que o perseguiam que ele renunciaria a todos os direitos como evangelizador ou mesmo como apóstolo, pois somente assim, sendo livre de todos, escolheria servir a todos. A profundidade da frase não reside apenas no já dito, pois Paulo diz que por ser livre decide servir a todos, e nisso é diferente de ser servo do senhor.

Jesus nos disse que o mandamento mais importante e que resume toda a lei de Deus é: "Ame a Deus acima de tudo". Logo em seguida, afirma que o segundo mandamento é um desprender do primeiro, pois não há como amar a Deus sem amar seus filhos, por isso ame seu próximo como Jesus nos amou. Entendendo a profundidade da lei de Jesus, Paulo diz: "de fato sou livre e por amor a Deus decido servir seus filhos". Após a revelação, Paulo dedicou sua vida a servir comunidades com suas orações, palavras e seus ensinamentos.

Devemos buscar essa liberdade, compreender o amor a Deus e dele desprender a todos os seres do Universo, tornando-nos livres. Devemos decidir por nossas forças e vontades que queremos servir aos seres da Terra e do Universo, servir para que tudo que estiver ao nosso alcance possa ser feito para libertar as almas das amarras da escuridão. Servir aos seres é servir-lhes da Luz divina, é sermos instrumentos nas mãos dos Orixás.

Sejamos livres.

Exu Sr. Marabô

Atos 12:7

"[...] **Levanta-te depressa.**"

Aos trabalhadores da Boa Nova, aos cavalos de Umbanda, aos sacerdotes de nossa fé, Deus nos diz: "Levanta-te depressa". Caímos muitas vezes, fruto de nossos erros, vícios e carmas, mas a quase queda não pode ser evitada, não adianta pararmos em choro ou lamentação. "Levanta-te", o senhor nos diz.

A nós não pode ser concedido o ócio da lamentação, pois as lágrimas do lamento são jorradas para aqueles que não têm fé. Cantamos em nossas casas um hino a Ogum que diz assim: "Choramingando minhas mágoas não vou a lugar nenhum, antes que eu chamasse, ante que eu clamasse, gritando por Ogum".

Não sejamos nós os que choramingam, e sim aqueles que levantam, sacodem a poeira e superam as dificuldades. Tentemos evitar as quedas, mas se cairmos, levantamos, e rápido, pois muitos de nossos irmãos, muitas almas queridas, nos clamam por socorro.

"Levanta-te depressa" e juntos vamos servir ao amor de Deus, para que outras almas não caiam. Deixemos as correntes da prisão de nosso sofrimento se esvair no chão, pois somos filhos da liberdade. Devemos nos levantar e sorrir, uma vez que o mundo abrirá os braços para aqueles que ouviram e aceitaram o chamado do serviço da caridade.

Caboclo Mata Virgem

Tito 1:2-3

❝ **Meus irmãos, fiquem muito alegres por terem de passar por provações, pois vocês sabem que a fé, ao ser provada, leva à perseverança.** ❞

Quando falamos em nossos templos, terreiros e igrejas que a todos Deus encontrará testes, provações para o devido aprimoramento, os fiéis já se preocupam e se lamentam por terem que se submeter a situações adversas para compreenderem a força e o poder da fé. Imaginemos o que era para a comunidade cristã do primeiro século escutar de seus profetas e sacerdotes uma assertiva como essa? Imaginemos como é ser provado em fé e crença quando a sua religiosidade é proibida e considerada um crime?

Na época em que a comunidade cristã recebeu essa carta do discípulo de Jesus, homens, mulheres e crianças eram perseguidos, torturados e, muitas vezes, assassinados por praticar uma religiosidade baseada na vida e na obra de Jesus. Quando os discípulos escutavam provação, sabiam que se tratava, muitas vezes, de uma prova de fogo, que seria optar em manter sua fé, sua crença em Jesus e morrer por isso, ou abdicar dessa crença.

A exortação trazida neste livro bíblico é um encorajamento à comunidade cristã. Não desistam de Jesus, do amor incondicional, pois mesmo que suas carnes padeçam no fogo ou na espada, o espírito viverá em Jesus. Frases como essas são corriqueiras e recheiam a *Bíblia* que vocês leem.

O mesmo ocorreu com outros povos que deviam perseverar com fé para que seus Orixás, Inkices, Voduns, Deuses, Divindades, Entidades não fossem esquecidos. Quantos negros como eu não tiveram que dar prova de sua fé no cativeiro embaixo de chicotadas e fuzilamentos?

Ontem distante, ontem recente e hoje todos aqueles que professam uma fé verdadeira passarão por provações, ela será sempre colocada à prova. Somente assim aprenderemos a consolidar nossa fé, impregnar nossas almas com a verdade do espírito, e somente assim aprenderemos a ter perseverança, a não desistirmos de lutar, de caminhar e de crescer.

A frase de Tiago, ou de seus discípulos, deixa-nos lição valiosa e muito clara: Façamos como nossos ancestrais, colocando nossa fé em prova, para que a perseverança nasça e então nunca mais poderão nos tirar a fé e a certeza de sermos servos de Deus, discípulos de Jesus, filhos dos Orixás. Nunca mais teremos dúvida sobre a manifestação dos ancestrais, da Aruanda, ou do amor incondicional.

Que Ogum dê a todos a determinação; Oxalá, a fé, e Oxóssi, a coragem de perseverarmos na fé nas mais difíceis provações de nossas vidas.

Pai Tobias de Guiné

Lucas 21:34

"Cuidado para que o coração de vocês não fique insensível por causa das bebedeiras, dos excessos e das preocupações da vida, e aquele dia caia sobre vocês de repente, como armadilha."

Jesus tinha um cotidiano bastante agitado para seu tempo. Não passava um dia sem visitar um templo e tecer seus comentários sobre a lei dos profetas, de perambular pelas ruas em busca de almas necessitadas, de ir aos montes ou ao deserto para se retirar em meditação e oração. As refeições eram momentos de comunhão, amizade, solidariedade e de se mostrar familiar, ampliando o conceito de família de forma ímpar.

Por vários momentos seus, em parábolas ou em ensinamentos diretos, Jesus mostrava aos seus ouvintes, aos discípulos e aos povos que sempre teremos sobre nossas vidas momentos (usa-se na *Bíblia* a palavra "dia" não como unidade de 24 horas, mas como momento de nossa existência) de provação, de testes, de perdição a nos rondar e nos tentar. Invariavelmente, Jesus dizia que a única solução era aplicar um binômio: orar e vigiar.

Paulo de Tarso e outros apóstolos também escreveram isso, mostrando sintonia com o Mestre Planetário. Em

Lucas, temos mais uma vez o Mestre orientando para nos vigiarmos e nos mantermos em oração, pois somente assim encontraremos paz.

Nesse episódio, Jesus mostra como os excessos da vida nos tiram do caminho, como as drogas como o álcool podem fazer que esqueçamos que somos sacerdotes e que devemos estar em vigília. Mostra como as preocupações de nossas vidas podem nos tirar do caminho. Afirma a todos que os corações podem ficar insensíveis com o mundo, com os prazeres da carne, com as paixões mundanas. Mostra que a permissão para que mergulhemos em nossos problemas nos faz frios e distantes.

Hoje, a violência se banaliza, e notícias de agressões, roubos e mortes são dadas como quem anuncia a venda de um pedaço de comida, se escuta ao lado de pequenas crianças ao som de risadas e entretenimento. Vocês estão tão preocupados com a moeda, o dito vil metal, que entram e saem de seus carros e locais de trabalho e sequer observam as almas encarnadas abandonadas nas ruas, ou quando o fazem sentem medo, repulsa ou aversão. Preocupam-se com seus bens, com suas conquistas, com suas férias e seu descanso, mas se esquecem de pessoas que nada têm, que choram por seus filhos e pais doentes.

O álcool entrou na vida social como se dele fosse indissociável. Seu uso fica cada vez mais intenso, e conversas sobre bebedeiras são travadas não com vergonha, mas como conquistas a serem divididas. O uso de substâncias que alteram suas consciências como o álcool e em especial a maconha fica popular, na moda, descolada e saudável. O seu uso passa a ser resistência, militância, altruísmo. Os excessos de comida, de jogos, de sexo, enfim, as mentes humanas inverteram e mudaram alguns apontamentos nossos, deturparam alguns ensinamentos para melhor sentirem-se diante de seus excessos e seus vícios. Criaram desculpas e bandeiras. Esses momentos cairão sobre todos não como castigo, mas como armadilha, e então estaremos presos na arapuca que, intencionalmente, entramos, por não estarmos vigilantes e muito menos em oração.

Não estamos aqui pregando, sequer exigindo que vocês não tenham momentos de descontração, ou que sejam obrigados a estar como santos na Terra. Estamos mostrando os excessos e os caminhos que nos desviam. Não sejam tolos e não caiam em armações que desviam a conquista de uma alma que quer estar com os Orixás, pois em nenhum momento estarão com a face de Deus senão por seu esforço e por sua elevação de consciência natural. Não haverá audiência com espíritos iluminados com o uso de substâncias que alterem o estado de consciência. Esperamos que suas mentes se envolvam nas orações e nos cânticos, encontrando paz e alteração de consciência por esforço e perseverança.

Não fiquem insensíveis, não aceitem a violência, a morte, as drogas como situações naturais. Não aceitem o alcoolismo como algo desejável, e sim como doença que é. Não se permitam fechar os vidros para os que sofrem e busquem a compaixão, a compaixão do olhar da oração e do gesto, não da esmola, dos atos humanitários apenas, mas o aproximar de aflitos com o coração e a alma. É disso que Jesus estava falando, e é desse dia, dos momentos de hoje, que Jesus alertava.

Vamos manter nossas mentes vigilantes e treinadas para amar. Quando não pudermos, vamos rezar e cantar para aprender isso com os Pretos Velhos, os Caboclos e as Crianças.

Exu Sr. Marabô

Lucas 15:4-6

“ **Quem de vocês tiver cem ovelhas e perder uma, não deixa as noventa e nove no deserto e vai atrás daquela que se perdeu até encontrá-la? Quando a encontra, todo alegre a coloca nos ombros e leva de volta para casa, chama os amigos e vizinhos e lhes diz: alegrem-se comigo, por que encontrei minha ovelha perdida.** ”

Não existe na Umbanda uma alma que não seja merecedora da atenção e do amor de Deus. Dos mais angelicais aos mais trevosos, compreendemos que Deus ama seus filhos de igual forma e jamais abandona ou se esquece de alguém. Falamos repetidas vezes e de formas distintas que não se pode compreender em um Deus da oportunidade e do amor a danação ou condenação eterna. Dizemos que mesmo o mais vil dos magos do submundo astral é merecedor de amor e atenção e que um dia compreenderá que a felicidade que tanto procura só será encontrada no caminho do amor e da compaixão. Temos paciência e perseverança, por isso há várias formas de encontrarem o caminho de Deus.

Os Exus e as Pombagiras são a prova desse trabalho, são almas que a mando e ordem de Deus e dos Orixás se situam na matéria, nas sombras e nas trevas para exercer o amor de Deus para seus filhos. São os Exus e as Pombagiras que irão permanecer no lado obscuro da psique humana e no seu lado negativo de alma para ajudar a encontrar e a converter irmãos e irmãs em sofrimento e em trabalho para o mal.

Quando Jesus de Nazaré pregou aos cobradores os impostos, conversou e curou pecadores, retirou espíritos malignos de pessoas ditas possuídas, foi logo condenado pelos doutores da lei mosaica, pelos fariseus e por outros ditos religiosos, pois diziam que um homem de Deus não deve andar com pecadores e com esse tipo de gente, muito menos pregar e curar essas pessoas, porque para eles não eram dignas de Deus.

Ao escutar as acusações, Jesus olhou para os doutores e religiosos e disse a parábola acima transcrita dos livros de Lucas, que também se encontra em Mateus. Ao trazer uma situação a qual todos estavam acostumados e eram detentores dos saberes apresentados, Jesus mostrou com simplicidade como poderia Deus abandonar uma alma sequer se os pastores de ovelhas não deixam nenhuma de seu rebanho para trás. Se o homem faz isso, se o homem não desiste de um membro de seu rebanho, como podemos crer que Deus faria algo parecido com abandonar e desprezar um membro de seu rebanho?

Jesus mostrou como Deus nunca abandonará nenhum de seus filhos e lutará até o fim para tê-lo de volta, não importa se está nas sombras ou nas trevas, pois um dia conseguirá juntar todo seu rebanho de novo em seus campos de Luz e amor.

Ao final, Jesus ainda diz que no céu há mais alegria na conversão de uma alma perdida que em 99 mantidas.

Ao dizer isso, Jesus trazia aos ouvintes que a conversão de alguém perdido, viciado no mal, é tão poderoso energeticamente e cria um efeito astral tamanho que a força desse momento cria condições auspiciosas de muitas revelações, pois ao se tirar alguém das trevas, não se soma apenas um mais dois, pois perde o mal e ganha Deus.

Dessa forma, os Exus, as Pombagiras e tantos outros espíritos da lei de Umbanda continuam pregando o que Jesus falou. Sejamos como os bons pastores na hora de buscar as ovelhas perdidas, e sejamos boas ovelhas a não nos perdermos, nem ficarmos com ciúmes quando nossos pastores forem em busca de nossos irmãos desgarrados.

Todos regressarão ao Pai, todos se iluminarão. Estaremos aqui até que a última ovelha seja encontrada e levada para o pasto dos pastores, e então poderemos também regressar aos campos de Luz e lá nos dispusermos a Deus para seu próximo trabalho.

Exu Sr. Marabô

Filipenses 3:7

"Mas tudo que para mim era lucro, agora considero como perda, por causa de Cristo."

Para obtermos lucro, devemos entender o que é valor, e como o conceito de valor pode ser mudado de uma hora para outra. Hoje vocês atribuem valor a um símbolo impresso em um pedaço de papel, a cédula de dinheiro, que em si não carrega nenhum valor monetário. Antigamente, o valor da moeda era seu peso, ele valia por ter ouro, prata ou outro metal. Já foram atribuídos valores pelo quilograma do sal, do açúcar e de outros bens. Mesmo esses valores são relativos, pois mesmo você possuindo muitos milhões, no mesmo instante em que você morrer, não possui mais nenhum centavo, e o que tinha valor até aquele segundo passa a valer nada.

A compreensão dessa transitoriedade e de como as coisas mudam de valor é a essência do que o apóstolo Paulo de Tarso diz aos filipenses. Paulo quer mostrar que antes de conhecer verdadeiramente Jesus era rico, possuía *status*, era tido como grande pelos sacerdotes judeus, mas tudo que antes tinha valor para ele no momento que conheceu a face de Jesus passou a ser perda, pois os valores mudaram de forma substancial.

Como Paulo, muitos de vocês continuam na Terra em busca de lucro, de coisas com valor passageiro, como os bens materiais, fama e prestígio. Quando conhecerem a verdadeira face de Jesus, quando estiverem realmente prontos para compreenderem os Orixás, esses lucros serão tidos como perdas. A mensagem de Jesus é dura e de profunda inspiração, não permite que aquele que queira estar em companhia dos Orixás se perca em valores efêmeros, pois sua ideia de lucro será profundamente modificada.

Por muito tempo, há milênios, mesmo estando em espírito, atribuía valor a situações de poder e a submissão de almas. Isso era meu lucro, porém, quando em companhia de um Exu, dei a oportunidade de conhecer os Orixás, conhecer o que seria uma existência perto de Olorum, tudo que era lucro para mim mostrou-se prejuízo, e vi como perdi suor e tempo em algo que não tinha real valor. Por isso, convido a todos a buscar inspiração no exemplo de Paulo e conseguir olhar suas almas em busca do que realmente tem valor e nesse lucro se apegar. É preciso coragem.

Que todos possamos um dia nos deparar com essa verdade abençoada. Não queira acumular, portanto, ainda mais prejuízos, dê valor ao que tem valor eterno.

Saravá!

Exu Sr. Marabô

Judas 1:18

"Nos últimos tempos aparecerão homens cínicos que seguirão suas paixões ímpias."

Em praticamente toda a vida humana na Terra existiram homens e mulheres que com cinismo e frieza seguiram as paixões mundanas, desviando a si próprios e a vários contingentes do caminho, da verdade e da vida.

O lembrete atribuído a Judas, irmão de Tiago, é para que não deixemos que homens e mulheres com esse perfil sejam nossos mestres, nossos condutores por estas vidas. Judas, apóstolo de Cristo, lembra na sua carta que quando os humanos em sua maioria estiveram seguindo apenas as paixões ímpias, ou seja, as paixões profanas e materiais, estarão vivendo em tempos sombrios. O alerta se deu porque em muitas comunidades cristãs, falsos profetas e seres que se diziam divinos iludiam os humanos com promessas e assertivas banais, conduzindo humanos fracos ao descaminho das paixões mundanas.

O alerta permanece até hoje, pois ao vermos umbandistas, pais e mães de santo pregando e conduzindo suas casas com descompromisso de um caminho de Luz, conduzindo a Umbanda com vícios e paixões, percebemos quão viva está o alerta apostólico. O cinismo impera em almas que creem poder servir a Deus e aos Orixás por alguns minutos, horas e depois seguirem suas paixões viciadas e que em sua essência contradizem o espírito da Umbanda que é a caridade e a compaixão. Por isso, devemos ler o alerta como uma preocupação para perceber se não estamos sendo cínicos, ou seja, de um lado dizemos ser umbandistas, mas de outro servimos como quiumbas na vida de nossos irmãos, gozando os prazeres da vida acima de tudo.

Não sejamos cínicos, hipócritas e muito menos deixemos que as paixões ímpias sejam nosso combustível de vida, bem como não permitamos que almas com esse perfil sejam nossos guias na Terra.

Pai Tobias de Guiné

1 Tessalonicenses 5:6

" **Portanto não fiquemos dormindo como os demais. Fiquemos acordados e sóbrios.** "

Distraídos com toda a sorte de entretenimento, relapsos e vítimas de programas que distraem a mente, assim são os humanos da atualidade. Celulares sempre conectados, televisões que são denominadas espertas, inteligentes, conectando toda a forma de imagens criadas para a distração. A política da distração é antiga e quase sempre, infelizmente, eficiente.

No império Romano, mesmo antes da vinda de Cristo, se praticava a política do pão e circo – ou *panes et circenses*. Dar distração, entretenimento e algo para saciar a fome era a forma de controlar multidões. A ideia por trás de nefasta encomenda garante aos que detêm o poder um povo manso que não se mobiliza na busca de avanços sociais ou de distribuição das riquezas. Contenta-se com o pouco, sem se questionar por que muito poucos têm tanto e tantos têm muito pouco.

Assim, em sua primeira carta reconhecida, o apóstolo tardio Paulo de Tarso emite alerta ao que em Tessalônica residiam: não fiquem dormindo. A proposta apostólica é o despertar, a vigília, a atenção para o que fazemos de nossa vida. Afinal, o versículo está inserido no momento em que Paulo fala à comunidade do caminho (os primeiros cristãos) da volta de Jesus e que ele ressuscitará todos os que já morreram.

Paulo diz que Jesus virá como o ladrão que chega à noite e pega todos desprevenidos, e quando Ele chegar seremos compelidos a encarar nossas almas sem desculpas, ou seja, nos enxergaremos com nossos vícios, erros e equívocos. Para que não sejamos pegos de surpresa, basta estarmos vigilantes, em oração, pois quando Jesus chegar, não estaremos surpresos, estaremos prontos para o despertar da luz.

A alegoria da volta de Jesus é a ideia dos primeiros cristãos em alarmarem todos da comunidade contra a postergação, o adiamento que sempre se faz nos momentos em que temos que burilar, investir em nossas virtudes e em nosso caráter. Por isso, a ideia de Jesus retornar era a de propagandear que a qualquer momento Deus nos cobraria um relatório do que estamos fazendo com a preciosa vida que Ele nos concedeu. O apóstolo despertado no deserto orienta que fiquemos acordados, e não dormindo, porém não bastará estarmos acordados, devemos também estar sóbrios.

Mais uma vez nos deparamos com os dias atuais, em que nos embriagamos diariamente com as múltiplas plataformas de distração, que corroem nosso tempo de dedicação a Deus e ao próximo. Não bastará estarmos em vigília e oração, ou seja, acordados, devemos compreender que temos o dever de estarmos preparados em sobriedade, ou seja, não iludidos com as coisas passageiras da matéria, mas profundamente compreendidos na eternidade do espírito.

Paulo alertava no ano 52 os seus irmãos tessalonicenses. Hoje com a graça de Deus, venho alertar vocês, meus irmãos do terceiro milênio, para que estejam acordados e sóbrios. Usem a tecnologia como aliada à expansão da consciência rumo ao Cristo, aos Orixás, e não como grilhão a escravizá-los diariamente na ilusão da distração sem fim e sem limites.

Despertemos todos, pois Jesus volta todos os dias a nos abençoar.

Vovó Titara

2 Coríntios 11:12

“ Continuarei fazendo o que faço, para não dar pretexto àqueles que buscam pretexto para se orgulharem como nós. ”

Na vida de um discípulo, de um seguidor de Jesus, de um médium ou de um sacerdote haverá sempre provocações. Haverá sempre obstáculos, como é desejável e sabido, assim como haverá também olhos a observar, mentes a julgar e línguas a publicar os passos de cada um daqueles que aceitam caminhar em direção a Deus.

Em carta iluminada aos gregos do Sul, Paulo faz o alerta de como devemos nos comportar para não criarmos pretextos para aqueles que querem difamar os seguidores da Boa Nova. Paulo nos avisa para cuidarmos de nossas ações e palavras, para que elas não criem pretextos, ou seja, não sejam nossas ações e palavras objetos de escárnio para a nossa fé. O erro de um sacerdote será o pretexto dos que querem continuar a perseguição aos filhos dos Orixás. Dirão: "vejam, só podia ser macumbeiro, só podia ser do santo mesmo".

Os maldosos usarão suas ações, seus verbos para encontrarem o pretexto da perseguição e da calúnia. O exemplo que cada um dos filhos de fé dá é o pretexto necessário para quem quer falar bem ou para quem quer difamar. Que pretexto daremos em nossos dias?

Paulo diz: "continuarei fazendo o que faço". Paulo largou tudo, viveu em humildade, ajudando a erguer casas de apoio, casas de fé e de amor em nome do caminho traçado por Jesus. Ele disse: "continuarei assim, não vou enriquecer, não vou me acomodar, não vou ser um peso para vocês, e sim, continuarei sendo amigo, instrutor quando preciso, para que mais almas sejam agraciadas com o amor de Cristo".

Se Paulo aceitasse a moeda como conselheira, se corrompesse com salários altos para atender comunidades ricas, não daria pretexto para aqueles que perseguiam Jesus? Paulo, porém, não deu pretexto, deu exemplo, sendo ele mesmo muitas vezes apedrejado pela vida, mostrando que não teremos benefícios maiores por crermos, teremos sim uma força inabalável para continuarmos na fé, sem corrompermos nosso caráter.

Pai Tobias de Guiné

Filipenses 3:16

" Em todo caso, aonde quer que cheguemos, mantenhamos o rumo. "

Para que lugar a vida nos levará? Qual o destino dos nossos dias na Terra? O que está reservado para mim daqui a alguns anos? Apesar de falarmos que somos crentes em Deus, nos Orixás, nos espíritos ancestrais, nos perturbamos constantemente com o porvir. Declinamos horas de sono na comiseração de acontecimentos incertos e futuros. Buscamos ardentemente controlar nossos dias que ainda não chegaram, não pelo labor glorificante de plantios adequados, mas na expectativa de oráculos que nos adiantem o sol do próximo verão.

Quem de fato se curva aos propósitos divinos? Quem de verdade trabalha apenas no dia de hoje na certeza de que Deus proverá o amanhã? Somos naturalmente compelidos pelas vivências anteriores a nos prepararmos para os dias futuros. Isso em si não estaria de todo errado, se pudéssemos compreender que se preparar é escolher de forma sábia o plantio de hoje. Não estaria nos consumindo em curiosidade e fraquezas se nós de verdade quiséssemos servir a Deus e pedíssemos a Ele não vantagens, mas oportunidade de crescimento e iluminação. No entanto, sempre queremos evitar a dor, pular obstáculos, não aprender com a vida ou com a experiência. Somos tal qual meninos do colégio que buscam sempre colar em provas e não estudar e aprender para apenas testar o conhecimento nas provações escolares.

Nessa bela carta aos Filipenses, o apóstolo dos gentios em aviso emocionado trata de alertar sobre aqueles que se preocupam mais com a aparência, com a carne do que com o espírito. Fala a essa comunidade do Caminho que nada adianta a circuncisão se o coração não estiver em paz, na fé e na obra de Deus. Dá testemunho que não importa ser judeu, importa em ser cristão, ou seja, se espelhar na vida de Jesus. Convoca a todos para não saírem do caminho e não se iludirem com falsas iniciações que apenas promovem ritos externos não acompanhados de reformas interiores.

Temos na Umbanda situação semelhante nos dias atuais. Muitos se preocupam com diplomas, títulos e ritos de iniciação sem a veracidade da mudança interior. Apegam-se a iniciações, a liturgias elaboradas apenas no intuito de belas fotografias, mas no raio x da alma encontram-se impregnados da arrogância superficial da aparência.

Despertemos, portanto, nossas consciências para uma mudança adequada, e que ela seja o nosso caminho. Por isso, a exortação, em todos os casos, em todo momento, de que não importa onde estivermos, com quem estivermos, mantenhamos o rumo, o caminho. O rumo é o amor; Deus, o caminho, a retidão e a busca pelo aprimoramento moral.

Não percamos o rumo da Umbanda, pratiquemos a verdadeira caridade.

Pai Tobias de Guiné

João 18:11

" Jesus disse a Pedro: 'Guarde a espada na bainha. Por acaso vou deixar de beber o cálice que o Pai me deu?' "

Quantas vezes em nossa vida almejamos e pedimos para que uma provação seja acabada? Quantas e quantas vezes só enxergamos as dificuldades da vida como castigo, como punição? Percebam que em nossos dias de encarnados, buscamos sempre a liberdade do sofrimento e das dores. Raros são os casos em que compreendemos que uma doença, uma demissão ou negócio não fechado são maneiras de Deus nos dizer que nos ama corrigindo nossos rumos na Terra.

Eventos diários de provação, dificuldades e doenças são na maioria das vezes a ação de nossos protetores Exus a nos garantir o cumprimento de nossa programação cármica, nossas oportunidades de aprendizado e elevação. Jesus nos ensinou isso de forma muito simples e verdadeira. Feito preso pelos romanos e fariseus, traído por um de seus mais próximos seguidores, não esmoreceu, afirmou ser a ele que procuravam.

João 18:11

Pedro, na defesa de seu mestre, retirou a espada e decepou a orelha do seguidor do Sumo sacerdote. Jesus imediatamente deu a ordem para embainhar a espada para que ele não se recusasse a beber do cálice de Deus, ou seja, afirmou sem medo que a provação do calvário era desejo divino e seguia propósitos celestiais, portanto, não poderia ele se recusar a passar pelo duro momento que se avizinhava.

Jesus deixou como exemplo nesse ato que devemos sempre compreender que alguns eventos em nossos dias serão difíceis, mas se forem da vontade do Pai, que tenhamos a fé e a perseverança e a força para conseguirmos superar aquela provação da escola da vida. Jesus nos dava a ideia clara de que alguns momentos de nossas vidas terrestres serão cheios de sofrimento, mas que eles poderão ser usados por nós para a nossa liberdade e iluminação.

Devemos, logicamente, buscar findar as dores nossas e de nossos irmãos, não há dúvida, mas devemos também lembrar que cada dificuldade é uma etapa na escola, e mesmo que aquela dificuldade não acabe tão facilmente, que tenhamos a fé e a perseverança do Cristo para continuarmos a servir a Deus e aos Orixás, e que das dores sejam feitos os sorrisos do discípulo que aprendeu a lição.

Por isso, clamo a Deus, que se for seu, meu Senhor o cálice, que eu tenha forças para bebê-lo honrado e feliz.

Pai Tobias de Guiné

Efésios 5:22

"Às mulheres sejam submissas a seus maridos como ao Senhor."

Entre as diversas situações que alguns textos bíblicos nos trazem, em especial os do Novo Testamento, a relação entre homens e mulheres ganha destaque. Apesar de encontrarmos posições dissonantes, isto é, antagônicas, algumas passagens nos chamam a atenção e nos trazem uma reflexão muito necessária: se está em um livro sagrado, devemos obedecer? Seguir sem contestar ou reclamar?

Nesse trecho, em carta aos cristãos asiáticos, a comunidade de Éfeso, Paulo afirma que as mulheres devem respeito e submissão aos seus maridos. No entanto, um versículo antes, deixa claro: "Sejam submissos uns aos outros no temor de Cristo". Em passagem de carta aos Gálatas, capítulo 3, versículo 28, Paulo diz que devemos romper com as tradições que nos aprisionam e segregam, anulando as divisões entre judeus e gregos, escravos e livres, homens e mulheres. Aparentemente, Paulo nos dá uma informação diferente da outra. O que fazer? Como compreender isso?

Como temos dito em diversas oportunidades, a *Bíblia* é um compilado de diversas cartas, fragmentos de textos e outros achados escritos por mãos e mentes humanas, mesmo que em inspiração ou mediunismo divino. Assim, deve ser compreendida e lida com os olhos de uma época, de uma sociedade e seus costumes.

Jesus não veio nos dizer para permanecermos fiéis em absoluto aos escritos do Antigo Testamento. Ao contrário, desafiou e contradisse os profetas e as leis mosaicas. Desafiou constantemente os escritos anteriores a sua chegada. Podemos dar diversos exemplos: curou na sinagoga em pleno sábado; impediu que uma mulher fosse apedrejada pelos anciões; curou uma mulher com hemorragia; libertou os espíritos malignos e homens possuídos, entre outros. Isso sem falar das outras vezes que abertamente desdisse o que antes havia sido escrito, como quando disse que o que mais valia é o que saía pela boca, e não o que entrava nela, referindo-se às restrições alimentares. Devemos, portanto, sempre observar a *Bíblia* como qualquer outro texto de uma forma holística, global e nunca pinçada ao interesse do escritor.

Mesmo nós, que aqui nos dispusemos a trazer passagens bíblicas para nela tecermos alguns comentários, o fazemos sempre sob a ótica dos propósitos de Cristo, visando não corromper a intenção do mestre nazareno. Aqui não foge à regra. O versículo, quando lido isoladamente, é sem dúvida sexista e machista, porém antes há a clareza de que todos devemos buscar ser submissos uns aos outros na fé de Cristo, ou seja, homens e mulheres devem buscar a humildade, servirem uns aos outros em nome e na fé de Cristo, isto é, no amor verdadeiro.

Depois Paulo destaca a submissão da mulher, podendo dar a entender que o homem é a cabeça e a mulher, portanto, deve obediência a ele, e não ao contrário. A sociedade do primeiro século era dominada pelo sistema patriarcal romano, e Éfeso não era diferente. Paulo busca implantar em sua carta aos irmãos daquele local uma nova visão, usando para isso os costumes existentes, para que a mensagem de Jesus pudesse prosperar. Em razão disso, ele diz que todos devem ser submissos, assim como a mulher é ao homem, usando assim um evento que existia para transformar a realidade.

Na sequência, compara a relação marital com Jesus e seus seguidores, dizendo que o homem deve amar a mulher como Cristo amou sua igreja, ou seja, seus seguidores. Isso quer dizer: jamais humilhar e ter autoritarismo. Jesus trabalhava para a liberdade das almas, a expansão e o crescimento perante o Pai. Logo, deviam os homens daquela época trabalharem para que suas mulheres fossem independentes e livres, e nunca agredirem ou humilharem.

Tal era esse propósito que, apesar da recomendação aparentemente machista, os próximos versículos são dedicados ao comportamento dos homens, mudando-os. Vê-se que a mulher já estava em uma forma agradável ao Senhor, uma vez que sempre trabalhava para o próximo, porém era tida como inferior, corrigindo isso a mulher seria a igreja, ou seja, local de culto, de fé, de amor e de sustentação da sociedade, portanto, o homem jamais poderia ferir a mulher.

Se olharmos o versículo sob a luz da atualidade, seremos injustos, pois julgaremos Paulo que viveu e escreveu esses versículos há quase dois mil anos. Será que não aprendemos nada em dois milênios? Quantos milagres Jesus nos abençoou nesse período? Quanto a humanidade já errou e cresceu?

Hoje ainda temos muito a construir para que os homens compreendam que as mulheres não devem ser submissas a seus maridos cegamente, pois essa nunca foi a vontade de Deus, nem de Jesus. Ao contrário, a vontade do mestre era e é que aprendamos a sermos submissos a Deus, e por ele não sermos senhores de ninguém, por isso mesmo a recomendação apostólica: sejam submissos uns aos outros na fé de Jesus.

Construir uma sociedade de submissos a Deus é a nossa tarefa, e não uma sociedade de classes, que uns mandam, outros obedecem, uns são senhores, outros escravos. Isso extrapola os gêneros, sejam quais forem. Sejamos nós submissos a Jesus e sigamos seus passos, não criando segregação entre homens e mulheres, e então cumpriremos a vontade dos Orixás, de Deus e de Jesus.

Pai Tobias de Guiné

2 Coríntios 1:12

" **Nosso motivo de orgulho é este: o testemunho de nossa consciência, de que nos comportamos no mundo, sobretudo para com vocês, com a simplicidade e a pureza que vem de Deus, não com sabedoria carnal, mas com a graça de Deus.** "

Combatemos ardentemente em nossas trincheiras de fé, em especial nas casamatas dos médiuns, o orgulho. Nefasto sentimento que corrói a alma humana há milênios e fonte de quase todas as mazelas da humanidade. Como seguidamente dizemos, o orgulho, a soberbia e a vaidade são os vícios de caráter mais perigosos para a mediunidade e para a vida sacerdotal. Logo, a humildade é qualidade que devemos treinar, buscar seguidamente e sem descanso.

Diante dessa afirmativa, devemos estranhar logo de saída que o apóstolo Paulo afirme por diversas vezes que sentia orgulho. Tal qual encabeça a presente frase, objeto de nossa reflexão atual. Como podemos conceber que tenhamos orgulho de algo, ou de alguém? Pensemos em um agrupamento mediúnico, e o babalorixá do grupo diz: "Sinto orgulho de vocês, meus filhos". Se realmente estivermos falando do orgulho, a sequência do episódio será triste e desoladora, porque algum médium irá errar, irá buscar outra casa, irá blasfemar contra a religião e do orgulho virá a decepção, a tristeza e a melancolia, fruto da ideia de traição. O orgulho nos inebria e nos impede de enxergar a verdade.

Da mesma forma, os filhos ficarão relaxados e alegres por se sentirem objeto de orgulho do dirigente. Logo na primeira observação ou chamada de atenção que o babalorixá fizer, irá contrastar com a ideia de orgulho, gerando mais uma vez frustração e melindres. Se há orgulho, não há escola, ou seja, se estou orgulhoso de você não há nada mais que você possa aprender comigo, será assim seu pensamento.

A tradução do grego antigo para o latim e depois para o português deturpou a palavra que Paulo proferiu em sua carta aos coríntios. Paulo quis dizer: "me felicito, fico contente, me sinto em paz e feliz", e não orgulhoso. Paulo provou do fel do orgulho por diversas vezes e sabia do perigo de estimular esse sentimento em si e nos outros. Dessa forma, permitam-se construir a frase novamente com a ideia original de nosso apóstolo dos Gentios: "Nosso motivo de contentamento e paz é este: o testemunho de nossa consciência, de que nos comportamos no mundo, sobretudo para com vocês, com simplicidade e pureza que vem de Deus, não com sabedoria carnal, e sim com a graça de Deus".

O versículo é uma pintura de comprovação de humildade, por isso contrasta tanto o equívoco da palavra orgulho. Paulo afirma que a alegria, o contentamento dele e dos demais trabalhadores do Cristo era saber que suas consciências estavam em paz diante do comportamento deles no mundo, ou seja, não estavam falando de suas palavras, mas de seus comportamentos, de suas ações e de seus exemplos. Não se referia ao mundo espiritual, e sim aos seus comportamentos na Terra, no mundo material. Quis dizer que mesmo na perseguição, nas frustrações, nas viagens e nas pedradas, eles estavam agindo em conformidade com a Lei do Cristo, a Lei do Amor.

Felicitavam-se, em especial, em ver como tratavam seus irmãos de seara, como se comportavam com os demais seguidores. Apesar de cheios de saberes e estudos, era Paulo afinal doutor da lei mosaica, não agiam na soberbia do conhecimento acumulado, mas antes com a graça de Deus. Paulo afirmava que suas ações e palavras não provinham de si mesmo, mas eram emanadas pelo ser celestial, demonstrando sua humildade diante dos demais irmãos.

Se agíssemos como Paulo, buscando enaltecer nossos irmãos de caminhada no lugar de competirmos, se buscássemos a felicidade e a paz por meio da satisfação de agirmos de acordo com as Leis do amor e de Deus, de não imprimirmos ao próximo a humilhação daquilo que aprendemos, apenas testemunhando a graça dos Orixás, aprenderíamos a viver com humildade e contentamento.

Pai Tobias de Guiné

Atos 28:27

" Porque o coração desse povo endureceu: tamparam os ouvidos e vendaram os olhos, para não verem com os olhos e nem ouvirem com os ouvidos, nem compreenderem com o coração, para que não se convertam, e eu não os cure."

O orgulho é sem dúvida nenhuma um dos mais difíceis e cruéis adversários do ser humano. Motivo de muitas quedas, de desvios, de compromissos cármicos que remontam séculos. O orgulho, marido do egoísmo, fazem juntos quase toda a maldade que reina na Terra ainda. Entretanto, as pessoas não compreendem o orgulho como uma coisa nefasta e perigosa, usam o vocábulo quando se referem a conquistas pessoais, a conquistas familiares. Falam em tom angelical e nobre: tenho orgulho de ser assim, ou tenho orgulho do meu filho.

O orgulho é nefasto justamente por isso, afinal ele se infiltra no caráter, na alma da pessoa, passando-se por um personagem bom e bem-vindo. O povo deve ter orgulho de seus governantes, orgulho de seus líderes, orgulho de ser desta ou daquela religião. Como podemos de um lado condenar e buscar com forças e perseverança acabar com o orgulho e no mesmo dia vangloriarmos em orgulho?

Paulo, no final de seus dias na Terra, em mais uma tentativa de mostrar Jesus Cristo aos judeus, dessa vez em Roma, alerta-os por quase um dia inteiro. Mostra e dá testemunho de Jesus. No final, percebe que muitos sequer se importaram com a conversa inspirada do apóstolo. Ao se despedir, Paulo usa as palavras proféticas de Isaías e anuncia a todos que muitos não quiseram ver ou ouvir, não por serem cegos ou surdos, mas por carregarem em si o orgulho. Finaliza a sentença nos dizendo o porquê de não conseguirem entender Jesus: "Porque o coração desse povo endureceu [...]".

Quando um povo ou uma comunidade perde a capacidade de amar, de ter empatia, ou seja, de aplicar o "ama a teu próximo", converte-se em um seio doente. O coração se endurece, não é capaz mais de amar, pois crê que já alcançou a dádiva do Criador e está ao lado Dele por uma benção divina e, portanto, não precisa mais se movimentar. Qualquer informação, alerta, estudo que chegar aos seus ouvidos não penetrará, pois o ouvido está tampado com o orgulho de saber e de ser escolhido. Quando algum emissário do divino se aproximar e mostrar as ações, esses indivíduos fecharão os olhos, pois se recusarão a ver algo que não seja o reconhecido título de cristãos, judeus ou semelhante.

Não haverá possibilidade de mudarem seus posicionamentos, visto que alcançaram a glória e são, pretensamente, escolhidos de Deus. Desse modo, não precisarão mais de Deus para nada, nem para curá-los, para despertá-los, pois são autossuficientes.

Tal qual os judeus de ontem, muitos cristãos seguiram agindo assim. Zombaram de Paulo e o mataram em Roma, e Roma reproduziu a tragédia em vários lugares pelo globo.

Atualmente, muitas são as igrejas que, como os judeus na passagem do Evangelho, se cegaram e estão surdas na arrogância, endureceram seus corações e perderam a principal lição do messiânico espírito Jesus, que é amar.

O orgulho é a causa. Se olharmos para dentro da religião umbandista e para as religiões espíritas e espiritualistas, não encontraremos exemplos idênticos de soberbia, de cegueira e de surdez? Sejamos humildes e atuantes no serviço divino, aprendendo a escutar, a ver, a não ter medo de mudar se isso for necessário. Principalmente, que nunca percamos a disposição de amar, de termos em nossos corações a compaixão por todos e por tudo.

Pai Tobias de Guiné

2 Timóteo 3:5

❝ **Eles mantêm a aparência da piedade, mas negam o poder que ela tem. Afastem-se de tais pessoas.** ❞

Entre todos os saberes revelados e experimentados pelos seres humanos, entre todos os poderes e faculdades acessíveis ao gênero humano, nada se iguala e se equipara ao amor. Dentre tudo que a vocês é possível saber e viver, o amor é a fonte de maior poder. Pelo amor, pessoas se sacrificam, se doam, se anulam; pelo amor, é possível construir um mundo inteiro. O amor é maior que a fé, que a força, é maior que tudo.

Deus permite ao humano experimentar o amor, e desse amor podemos acessar saberes e revelações muito além de nossas atuais capacidades. O amor, por exemplo, garantiu que almas iluminadas regressassem ao mundo da matéria para garantir a iluminação de todos nós. O amor permite e permitiu que espíritos regentes de nossa espécie e de nosso globo terrestre estejam andando entre nós como humildes seres para não nos humilhar e para nos convidar ao progresso espiritual. Foi o amor que permitiu a última vinda conhecida de Jesus.

O apóstolo tardio, homem de fé e razão, aprendeu bem o valor do amor, tanto que nos brindou com o capítulo 13 de suas epístolas aos coríntios. Esse mesmo Paulo em carta afetuosa a seu discípulo Timóteo recomenda cautela, pois muitos vão querer parecer ser profetas do amor divino, vão vestir a aparência da piedade, mas não executarão o amor dela, ou melhor, o poder dela.

Paulo avisa que chegarão tempos em que a distração e os prazeres materiais serão mais importantes que Deus. Que o dinheiro será objeto de adoração maior que Deus. Haverá um tempo em que o egoísmo e o orgulho reinarão entre os homens. Nesses tempos, ou seja, nosso tempo atual, esses seres vestirão a fantasia de profetas cheios de piedade. Gritarão em seus púlpitos amor ao próximo, porém negarão a piedade nas tarefas diárias.

Devemos trazer para a nossa vida a recomendação de Paulo a Timóteo e sermos nós mesmos discípulos, sermos Timóteo, para ouvir e executar a assertiva em forma de recomendação. Cuidado, muitos se vestirão com a pele da piedade, mas não praticarão o amor real. Desses seres se afaste, pois eles vieram para ludibriar, enganar e afastar os seres humanos do caminho de Deus. Não se pode crer na pregação da piedade, pois ela pode ser apenas a aparência, a casca que envolve a grande mentira. Apenas podemos crer naquele que pratica a piedade real, aceita seu poder, e desse poder é servo, como nos ensinou o mestre nascido em Nazaré.

Pai Tobias de Guiné

Filipenses 2:24
" E confie no senhor que eu mesmo possa ir vê-los logo. "

Quantas vezes em nossas vidas queremos fazer algo e não podemos? Quantas vezes queremos ir até determinado local, ver determinada pessoa, mas em virtude de nossos afazeres, de nossa dificuldade econômica não podemos cumprir com nossas vontades?

Seja na aquisição de um bem material, de uma viagem, de um estudo, de um simples alimento, nem sempre podemos atender o que temos vontade. Imaginemos uma pessoa com estado de saúde debilitado, mas consciente que ele, doente, é parte importante da cura, recebe orientações de seus médicos para não mais comer nada que tenha açúcar por um período. Não é em virtude da decisão médica que esse doente deixará de ter vontade de comer doce, porém não poderá fazê-lo para que tenha a sua saúde restabelecida. Muitas vezes, por motivos diversos, não somos capazes de atender nossas vontades.

Filipenses 2:24

Paulo, o apóstolo dos Gentios, em carta de amor à comunidade de Filipo, nos dá a dimensão de nossas privações. Preso e afastado de seus irmãos, exalta a fé em Deus e diz como devemos seguir o exemplo de Jesus. Nessa passagem, que ilustra a presente carta, Paulo avisa aos irmãos filipenses que gostaria muito de estar com eles, em comunhão de fé e amor. Impedido, envia seu amigo e irmão Epafrodito, para que a comunidade se alegre, demonstrando que também queria estar com eles, mas estava impedido e não podia atender a essa vontade de imediato. Ele deixa na mão de Deus o seu destino, subordinando suas vontades e querer ao criador, dizendo: "Confio no senhor que eu mesmo possa vê-los".

Apesar de impedido naquele momento, não lamentou a impossibilidade, não se revoltou diante do obstáculo, mas, ao contrário, depositou a fé em Deus para que quando possível pudesse ir vê-los. Disse em tom amistoso e cheio de fé que confiava em Deus e que logo poderia estar com eles.

A fé nos enche de esperança, nos liberta da mente caprichosa e mimada que diante de uma impossibilidade da vida só se lamenta e maldiz a Deus. Que possamos aprender com o exemplo paulino, que confiemos nossos destinos, nossas vontades e nossas vidas a Deus.

Confio em ti, Olorum, para que eu possa sempre estar perto de meus irmãos de fé, dividindo o Axé, aprendendo a amar e a estarmos em família.

Pai Tobias de Guiné

Salmos 92:13

"O justo florescerá como a palmeira; crescerá como o cedro que há no Líbano."

    A busca por justiça norteia filósofos, religiosos e cientistas de todas as épocas em todos os povos. Como aplicar justiça e ser justo são dúvidas que nos perseguem e nos dão o horizonte há muitos milênios.

    Não é sem razão que, para aceitar algo terrível como a escravidão, muitas foram as teses em diversos povos para que a exploração do homem pelo homem fosse maquiada como justa. A escravidão de meu povo pelos brancos europeus não fugiu a essa regra. Afinal, para que fosse aceita como justa a escravidão no chamado Mundo Novo, leis foram produzidas permitindo a escravidão, documentos clericais foram feitos para se aceitar a vergonhosa escravidão. Tudo para que a barbárie não fosse escancarada como injusta, afinal todos querem praticar a justiça, e ninguém quer ser o injusto, assim como não quer ser injustiçado.

    A justiça divina foi por muitos milênios trazida aos povos mais como consolação do que como norteadora de nossas condutas. Era e é o escudo de muitos quando se sentem prejudicados, mas não é a norteadora das ações quando aquele mesmo povo está em regozijo de suas conquistas. "O justo herdará a Terra", muitos são os escritos baseados nessa frase em diversos livros sagrados, em especial a *Bíblia*. A leitura que muitos fazem dela é: se hoje estou perdendo, se hoje estou mal, se hoje estou pobre, amanhã terei vitória. Logo é um consolo, serve de pano para enxugar as lágrimas de uma derrota. É e sempre foi o norte que devemos seguir incansavelmente.

Sermos justos é a nossa meta. Justo significa amar, não ser orgulhoso e egoísta, é estar atento às necessidades de todos, pensar de forma coletiva, atemporal, portanto, é dádiva dos seres iluminados e o norte a ser perseguido por todos nós. Não é a promessa de vitória, pois justiça é o espetáculo divino das oportunidades de iluminação, e não de conforto. Não é a conquista de um, pois justiça pressupõe o fim das inimizades. Não é a conquista de um em detrimento do outro, e sim é a vitória de todos em Deus.

Toda vez que ler estas palavras "justiça divina", "Xangô" e "justo", pense que é um horizonte a alcançarmos, não para nossos caprichos, mas para a iluminação de todos os seres de Deus. Por isso, nos cânticos a Deus, o Rei antigo dava graças à justiça. Dizia que o justo florescerá como a palmeira, ou seja, será abundante, e cobrirá todas as paisagens da Terra. Da mesma forma, será firme, vigoroso e forte como o cedro, que até hoje estampa a flâmula do Líbano, pois não só cresce rápido como também é vigoroso, duradouro e enfrenta diversas intempéries e não esmorece. Busquemos a justiça, mas não como meta de nosso caráter.

Pai Tobias de Guiné

Colossenses 3:15

" E no coração de vocês reine a paz de Cristo, para a qual foram chamados em um só corpo. E sejam agradecidos. "

Perguntados sobre o que mais desejam, muitos de vocês responderiam que querem apenas um pouco de paz. Entretanto, a paz que figura nas lides dos seus viveres é o término de conflito, o fim de disputas, a inexistência de demandas, ou seja, a paz é para muitos a mesma coisa que tranquilidade e descanso.

Tanto hoje no terceiro milênio quanto há mais de dois mil anos, a paz tem muitos significados, por isso sabiamente o apóstolo Paulo nos convida à paz de Cristo, ou seja, não apenas a uma paz bucólica e romântica, sinônimo de descanso e tranquilidade de afazeres, e sim uma paz na missão e na vida de Nosso Senhor Jesus Cristo.

Que paz era e é essa que nos exorta Paulo? Que paz quer o apóstolo tardio que reine em nossos corações? Com certeza não é a tranquilidade do ócio, a paz não será a de não fazermos nada, de descansarmos. A paz será a de Cristo, que é a paz da missão em execução, é a aliança entre nós e Deus.

A paz pode ser vista como um antônimo de guerra, tempos de paz *versus* tempos de guerra. Logo, quando estamos em paz com Cristo significa que não estamos em guerra com ele, com Deus, por isso o primeiro passo para compreendermos essa paz é sabermos que não estamos em conflito com Cristo. Ao pensarmos assim, entendemos que a missão dele é a nossa, que seus princípios e obras também são nossos. Estar na paz de Cristo é fazermos a paz com a nossa missão, que nada mais é que seguirmos os passos e a obra de Jesus.

A paz de Cristo, porém, ainda supera esse pensamento, pois Jesus nos convoca muitas vezes ao conflito. Como ele mesmo disse, não veio trazer a paz, e sim o conflito. Entender essa fala de Jesus é compreender que ele nunca quis que não estivéssemos em ação, lutando conosco mesmo na busca por iluminarmos nossas sombras da ignorância, da vaidade e do egoísmo. Jesus nos incita a uma guerra de frontes diversas contra nossos instintos primitivos, nossas tentações e nossas paixões.

Jesus também nos mostra que não devemos aceitar o mal como regra, ou mesmo como exceção, logo, devemos desafiar os tiranos, os perseguidores, os seres que escravizam, manipulam e usam a humanidade para seus deleites de luxúrias e vaidades. Mesmo dentro de nossas religiões não devemos aceitar os costumes que maltratam, que segregam, que inspiram raiva ou ódio, pois foi esse o caminho que ele nos mostrou. Pensar assim nos incita à guerra, por isso é preciso compreender a Paz de Cristo.

Jesus nos mostrou que não devemos deixar a luta de lado, e sim travar o bom combate, como disse o apóstolo Paulo, mas devemos fazê-lo sem ódio, sem raiva e sem julgamentos. A paz de Cristo consiste em lutarmos, mas continuarmos amando, enfrentarmos os tiranos sem a eles desejar a morte ou outra maldade. A paz é a pregação do amor, é estarmos no amor, sabendo que tudo que devemos fazer é pelo amor. Isso é permitir que a paz de Cristo reine em nossos corações, pois mesmo quando estivermos lutando contra a tirania e a perseguição, a traição ou outras maldades, não estaremos fazendo isso contra alguém, mas, sim, a favor de todos. Isso é estar em paz, pensando o tempo todo no amor e na liberdade de todos e, mesmo assim não abrir mão de nossas lutas e de nossas tarefas de despertamento para a luz.

A paz reinante em nossos corações nos tornará *um* com Cristo, *um* com Deus e *um* com os Orixás. Comecemos agradecendo por tudo que vivemos e somos.

Pai Tobias de Guiné

Tiago 1:12

“ **Feliz aquele que permanece firme na provação, porque ao superar a provação receberá a coroa da vida que o Senhor prometeu aos que o amam.** ”

Quem poderá dizer que um espírito encarnado passou por uma vida sem provação? Quem poderá dizer que conheceu uma alma desencarnada e dela nunca ouviu ou soube de um momento de provação? Olhemos para as nossas vidas e percebamos quantos foram e são os momentos que estamos sob provação.

A provação dita nesta carta de Tiago, e entendida na maioria das religiões, se mantém firme à cultura ancestral de que todos seremos testados para que cumpramos os mandamentos da vida iluminada. Não se sabe se uma madeira é flexível sem antes testá-la, curvá-la. Somente depois de conhecer aquela madeira poderá o marceneiro dizer que é madeira dura e pouco flexível. Não pode o cozinheiro saber se determinado alimento colhido na natureza é doce, salgado ou azedo sem antes prová-lo, conhecê-lo, pois só assim aprenderá se ele combina com outros sabores e outras texturas. O mesmo podemos dizer de nossas vidas.

Seremos testados para conhecermos quem somos, se somos capazes ou ainda não estamos prontos para determinadas tarefas.

Constantemente, seremos provados e tentados, e assim a providência divina nos mostrará, ou melhor, saberá quais são nossos afazeres. Entretanto, nessa mesma carta de Tiago, a escritura sagrada destaca que Deus não nos tenta, visto que a tentação, ou seja, a provação, nasce de nossos desejos, de nossa mente. Compreender isso nos mostra que nossa alma imortal busca incessante e naturalmente a perfeição, buscando a todo tempo episódios de tentação e provação para o progresso em direção à liberdade e à luz, de tal forma que podemos entender que a lei do carma, ou de ação e reação, é tão natural que se cumpre sem necessitar de outra alma que não a nossa própria.

Pode-se pensar que algumas almas que foram tentadas não teriam mais débitos com a vida, já estariam coroadas pelas mãos do Criador. Então, como essas almas poderiam ser tentadas? Provocadas? Pensemos no mestre Jesus, que sofreu várias provações durante seu último conhecido momento na Terra. Por que seria ele provado? Testado? Refletir sobre isso nos dará a compreensão de que a tentação não ocorre apenas para solucionar débitos pretéritos e corrigir equívocos, mas também para demonstrar caminho, iluminar com o exemplo, ensinar que é possível vencer os desejos por meio da fé e do amor.

Logo, feliz é aquele que permanece firme na provação, pois além de vencer seus próprios desejos, ensinará aqueles que lhe rodeiam a também vencer nas provas da vida. Assim, sua coroa será abençoada pelas mãos da misericórdia divina.

Irmão Juvêncio

Mateus 5:12

"Fiquem contentes e alegres, pois grande é a recompensa de vocês nos céus. Porque foi assim que perseguiram aos profetas que vieram antes de vocês."

Em nosso cotidiano, em nossas vidas, nos acostumamos a fazer algo para obtermos alguma recompensa ao final. Trabalha-se o mês, aceitam-se os fardos e a rotina para que ao final de cada período se receba a compensação financeira em forma de salário. O mesmo ocorre com quem faz um objeto. Dedica sua atenção, investe tempo e outros recursos na confecção de um bem e o coloca à venda, esperando que aquele bem lhe dê frutos financeiros.

A construção dessa lógica é relativamente recente na humanidade, pois se deve às trocas, aos escambos e às remunerações, que não têm muito mais que 3.000 anos. Ainda hoje em locais mais isolados e em grupos populacionais menores encontraremos sistemas que não sejam baseados na troca ou na remuneração. Na época de Jesus, e na Galileia, o Império Romano como um todo havia estabelecido que cada esforço seria remunerado. Além disso, já se pagavam tributos e impostos.

A cabeça das pessoas que habitavam a região se baseava nessa lógica. Se trabalharmos bem, receberemos, se o produto for bom, será vendido por um preço melhor. Com a mente funcionando dessa forma, Jesus criou alegorias e metáforas para semear a Boa Nova. Deu a nós parábolas baseadas nesse modelo societário, como os trabalhadores da vinha, a parábola dos talentos, entre outras pérolas divinas.

No Evangelho de Mateus, e nos demais, figura o Sermão da Montanha, um dos discursos mais nobres, profundos e cheio de esperança do mestre Jesus. Nesse sermão, Jesus anuncia que aqueles que são perseguidos ganharão o reino dos céus; aqueles que são pobres de espíritos herdarão o reino dos céus. Ele termina dizendo que todos os que sofrem, mas mantêm a fé e a obra de Deus, devem ficar contentes, pois serão recompensados no reino de Deus. Afirma ainda que os profetas ancestrais passaram pelo mesmo processo de todos que passam dificuldades e são perseguidos por fazerem a vontade de Deus. Logo, nos mostra que, assim como nossos ancestrais, que passaram por tantas dificuldades e continuam a louvá-lo, devemos manter nosso foco e nosso caminho para a libertação pela fé e pelo amor.

Essa forma de pronunciar a Verdade divina se baseia no modelo de sociedade vivida, como disse. Se Jesus tivesse nascido em outra época e local onde não se baseavam a vida na troca e na remuneração, suas palavras seriam sem sentido. Desse modo, para além de um claro apego à recompensa, devemos entender melhor o que o mestre quis nos passar. Se continuarmos a crer que Deus é um negociante, que paga pelo produto entregue ou pelo serviço executado, tão somente, nos esqueceremos que Ele é antes o Clemente, o Misericordioso, o Justo. Logo, devemos compreender para além da recompensa.

Jesus nos diz que aqueles que sofrem, que são pobres (leia-se humildes), aqueles que esperam a justiça de Deus, aqueles que são mansos (leia-se pacíficos), aqueles que são misericordiosos, mesmo que maltratados pelos reis humanos e injustiçados pelas leis do homem encontrarão a verdade da Lei divina. Jesus assim nos dá a certeza de que a vida na Terra, enquanto encarnados, é passageira, que nada adiantará acumularmos recursos em uma vida se não cuidarmos do que é verdade, que é nosso espírito.

Aqueles que souberem suportar as restrições de uma vida encarnada poderão viver em paz na vida em espírito, que é a vida verdadeira. Ele nos mostra que o sofrimento, as dores e as dificuldades são passageiros, efêmeros e que se mantivermos o caminho da fé, poderemos viver em paz na eternidade. É um alento, um golpe de esperança e consolação a todos nós que sofremos na seara da vida encarnada. É o carinho de Deus a nos dar a razão e a força para que aguentemos as provações da escola da vida na carne.

A recompensa não é um presente, e sim a oportunidade de aprender e não ter que repetir a lição sucessivamente. É a vida em espírito sem a necessidade de regressos constantes nas provações da vida material. Jesus, portanto, não criava um modelo de recompensas, de um fisiologismo divino, mas mostrava que todo o esforço para o nosso crescimento e o crescimento espiritual da humanidade gerará oportunidade de uma vida espiritual sem muitos sofrimentos, visto que vamos aprendendo a viver conforme a Lei de Deus.

Reflitamos sobre essas palavras e busquemos ser humildes, verdadeiros, sinceros, amorosos, gentis, dedicados à obra de Deus não para ganharmos a medalha, e sim porque é a garantia que nosso sofrimento irá cessar.

Pai Tobias de Guiné

Atos 27:24

“ O anjo me disse: 'Não tenha medo, Paulo. Você deve comparecer diante de César. E Deus lhe concede a vida de todos os que navegam com você'. ”

O capítulo 27 do livro Atos dos Apóstolos retrata a última viagem de Paulo de Tarso. Trata de sua ida à Itália, para uma audiência com o imperador César em Roma. Após a chegada de Paulo na península itálica, Paulo foi assassinado. A passagem que ilustra esse texto nos dá duas grandes lições, mas para podermos compreendê-las é preciso acompanhar a narrativa de Lucas.

Ao saírem em direção à Itália, o barco que levava mais de 260 pessoas, entre elas Paulo, passou por diversas dificuldades – tempo ruim, fome e tempestades. Nos momentos que antecederam ao que vamos relatar, o barco foi castigado violentamente por tempestades e um furacão. Após Paulo ter avisado o centurião que não deveriam zarpar, este não deu ouvidos, e a profecia de Paulo se realizou, e passaram mais de 15 dias sem comida à deriva, castigados pelo mau tempo. Já desolados e desesperados, certos de que iriam todos morrer no mar Adriático, Paulo reuniu todos e disse que foi visitado por um anjo, e este lhe garantiu a vida própria e a de todos, conforme podemos ler no versículo 24.

Assim, Paulo iniciou sua fala: "um anjo me disse". Em várias passagens dos textos sagrados, encontraremos a presença de vozes, aparições, manifestações físicas e materiais atribuídas a anjos de Deus, ao próprio Deus e a representações de patriarcas e profetas. "Um anjo me disse", logo, Paulo havia acabado de passar por uma atividade mediúnica, uma relação entre ele encarnado e um ser espiritual que era trabalhador de Deus. Quantas vezes nos deparamos com cenas como essa? Quantas vezes somos visitados por anjos do Senhor? Anjos em forma de espíritos familiares, em forma de Pretos Velhos, Caboclos e Exus? O que Paulo vivenciou não vivenciam os médiuns ao redor do globo há séculos? Quantas vezes nos deparamos com avisos, instruções de nossos guias e amigos dentro e fora dos templos de fé? E quantas vezes escutamos, damos ouvidos a esses anjos do Senhor?

Paulo recebeu a mensagem do anjo porque mesmo diante da iminente perda da vida, do desespero, não cessou suas orações e seu contato com Deus, portanto, estava apto a receber a mensagem, pois se entregava rotineiramente ao serviço celestial. Muitas vezes em apuros e dificuldade, apenas deixamos a ansiedade e a quase beirada do precipício do medo e desespero serem nossos conselheiros. Paulo pediu a Deus a benção, se colocou a serviço de Deus e pediu por si e pelos que estavam com ele. Logo, abriu seus canais de comunicação com o sagrado e recebeu a mensagem de Deus. Isso mostra que devemos sempre estar em contato com Deus, abertos a Deus e a serviço dele, e assim nunca estaremos sozinhos ou abandonados.

A lição da passagem não termina. O anjo afirma que Paulo será salvo porque ainda tem algo a cumprir na terra, deveria ficar diante do imperador romano para dar testemunho de Jesus. O anjo nos diz que a vida na Terra é antes uma escola e um posto de serviço, por isso não morremos de véspera, como diz o ditado. O anjo mostra a Paulo que a vida dele na carne tinha que continuar, não por benesse, presente ou capricho, mas porque tinha ele uma missão a cumprir. Se Paulo tivesse se recusado a ouvir e ver Jesus, se Paulo tivesse ainda dentro do sinédrio na perseguição dos discípulos de Cristo, haveria sido salvo? Valeria a pena continuar na vida terrena? O anjo mostra que seria salvo porque havia trabalho. Estamos na Terra encarnados para cumprirmos nossos destinos de burilamento e elevação espiritual, estamos na Terra para juntos celebrar o amor na solidariedade e na paz. Louvemos essa oportunidade e não temamos cumprir nossas missões.

Ainda há outra mensagem no versículo 27. Paulo foi informado que todos que o acompanhavam na viagem seriam salvos. O anjo afirmou isso com a seguinte frase: "E Deus lhe concede a vida de todos [...]". Muitas vezes, o fato de apenas estarmos próximos aos seres iluminados ou no caminho da iluminação modifica nossa vida, pois aprendemos a dar testemunho de Deus em exercício, nos inspiramos nesses santos humanos e, por isso, ganhamos da vida o presente de uma oportunidade de sagrada companhia.

"Deus lhe concede", ou seja, pelos méritos, pelos serviços de Paulo. Por causa de seu amor aqueles homens e mulheres seriam salvos, não só brindando os que não padeceriam no mar, mas em especial mostrando a Paulo que apesar de todo sofrimento que passou, suas prisões, castigos, apedrejamentos, traições etc., Deus estava com ele e por ele. Por Paulo ser dedicado, centenas de vidas seriam abençoadas.

Se observarmos isso à luz do Evangelho, perceberemos o amor como fonte de vida. Saber que sua fé e seus esforços auxiliaram de imediato vidas humanas é uma dádiva que enche Paulo de esperança e perseverança, pois seu testemunho ainda seria dado e eram necessárias energia e alegria daquele que serve a Deus.

Trabalhemos incansavelmente, para que em um dia de maremoto, de catástrofes, aqueles que estiverem ao nosso lado possam ser salvos, e isso nos trará alento e paz. Do contrário, seremos testemunhas da morte de muitos, sabendo que nosso pouco esforço impediu que eles fossem abençoados.

Pai Tobias de Guiné e Exu Sr. Marabô

1 Pedro 1:4

> " [...] para uma herança que não se corrompe, não se contamina e não murcha. "

O que deixamos para as outras gerações depois de nossa partida da vida material? Em cada ciclo de nossas existências, em cada reencarne e desencarne, deixamos aos que ficam naquele espaço, naquele tempo, uma herança, um legado. Qual legado deixaremos quando partimos? Nos tempos atuais, pais e mães se debruçam na busca incessante e frenética para deixarem conforto e renda aos seus herdeiros. Buscam-se as posses, os valores monetários para que os filhos e filhas tenham de alguma maneira mais conforto e benesses que eles tiveram quando na mesma idade. Ficam a casa, o carro, o patrimônio, e alguns ainda dizem que não se trata apenas dos valores financeiros, mas das possibilidades de estudo e de trabalho, de sobrevivência de sua prole.

Entretanto, por mais longeva que seja sua prole, quanto anos durará? Mesmo que se pensem que os filhos deixarão para os netos, e estes para os bisnetos, quanto tempo durará essa herança? Inevitavelmente, deixaremos a Terra dos encarnados uma vez mais. Inevitavelmente, passaremos para a morada da verdade em alguns anos, e isso ocorrerá com os filhos, com os netos, bisnetos etc. Todos nós iremos após esse desencarne compreender o que de fato é a herança, o que de verdade se deixou para os outros e até para nós mesmos.

Jesus deixou a todos nós a herança imperecível, que atravessa as gerações incansavelmente, uma herança que não murcha, que não pode ser corrompida e jamais será contaminada. Pensemos na herança que muitos de vocês se dedicam: o dinheiro e as posses. Basta uma má administração e toda a fortuna pode ser comprometida, e comprometida pode se extinguir, como milhares de casos concretos na história. Quantas famílias se digladiaram e se destruíram em virtude das disputas dos espólios? Quantos irmãos deixaram de se falar e se amar por causa da contaminação das ambições da herança? Logo, a herança financeira não é a nossa preocupação principal, ou pelo menos não deveria ser.

Quando desencarnados, ao receberem os seus filhos e filhas, os seres da geração que sucederam a de vocês, perguntarão aos seus espíritos como administraram os prédios, as fábricas, o dinheiro? Ou perguntarão a eles se evoluíram, se encontraram o caminho da verdade, se estiveram mais perto da luz e do amor? Quando questionados seus filhos, eles dirão a seu favor na herança deixada ou não terão o que falar sobre seus legados?

Observem os africanos no cativeiro, que mesmo presos, torturados, maltratados mantiverem o compromisso de deixarem uma herança aos seus descendentes, uma herança de esperança e de culto aos Orixás. Não deixariam dinheiro, poder, bens materiais, mas deixariam a herança incorruptível da fé. Graças a eles, temos a Umbanda e outras religiões. Graças a Jesus, temos hoje o poder do amor e da paz. Mesmo após tantos anos e séculos tentando corromper a herança de Jesus, os humanos foram incapazes de consegui-lo, pois a herança do espírito é sempre incorruptível.

Qual herança você deixará para as gerações posteriores? Quanto tempo se dedica ao patrimônio espiritual para o seu legado? Que sejamos inspirados em Jesus e que possamos contribuir com a herança do amor e da paz alicerçados na fé e no Axé.

Pai Tobias de Guiné

João 8:1-11

" A mulher adúltera. "

A épica história em que Jesus é testado pelos escribas e fariseus diante de uma mulher que havia sido pega em adultério ilustra a nossa conversa. Os Evangelhos afirmam que Jesus estava pregando no templo quando os fariseus trouxeram uma mulher que havia sido pega em adultério, pedindo a Jesus que tomasse uma posição, visto que a Lei de Moisés era clara: mulher adúltera teria que ser despida e apedrejada.

Jesus demorou para responder tal afronta. Como se não desse importância ao evento, sentou-se ao chão e escreveu com os dedos na areia. Os fariseus, porém, não pararam de perguntar o que fazer. Então, Jesus disse a célebre frase:

– Atire a primeira pedra aquele que nunca pecou.

Um a um, a começar pelos mais velhos, saíram do local, restando Jesus e a mulher.

Jesus olhou para ela e disse:

– Ninguém restou? Ninguém a condenou?

A mulher respondeu:

– Não, meu senhor.

– Então eu também não a condenarei, vá e não peque novamente.

Todo o episódio traduz uma série de ensinamentos que devem ser pensados e analisados. Nessa época vigorava um sistema patriarcal, misógino, machista, a tal ponto que as mulheres não possuíam direitos, liberdade nem divindade. Afinal, apenas os homens eram os escolhidos de Deus e davam a linhagem de Abraão. A mulher carregava os filhos, era submissa e tinha as tarefas domésticas a zelar. Era tão sem direitos que sequer poderia ser tocada por homens santos, curada por graça divina. Era ela condenada por ter tentado Adão. Afinal, se ela não tivesse oferecido a maçã do pecado para Adão, os homens continuariam no Jardim do Éden.

O machismo era tão imperante e opressor que Adão teve dois filhos homens, Caim e Abel. Caim matou Abel e ficou sozinho. Como existiu a continuidade dos humanos se todos são filhos de Adão e Eva? Com quem Caim se casou para dar sequência à humanidade?

Em Gênesis, encontramos a resposta. Caim foi à cidade mais próxima e esposou uma companheira. Então existia uma cidade inteira? E lá ele escolheu uma mulher, e todos nós somos filhos de Adão, depois de Caim, e assim por diante? Por quê? Não interessava o sangue feminino, pois quem dá a vida e a continuidade é o homem. Essas constatações mostram que apesar de ainda vivermos em um mundo cheio de machismo, conseguimos construir uma sociedade menos ignorante do que a que Jesus nasceu.

Jesus mostrou a todos que a mulher tem direitos e qualidades. A começar pelo episódio descrito em João no capítulo 8. E o que acontecia com o homem adúltero, já que a mulher adúltera era apedrejada até a morte? Jesus disse que isso estava errado, quem são os homens que praticavam adultério para condenar uma mulher que cometeu o mesmo erro que eles? Jesus em verdade não os provoca como pecado em sentido geral, mas o pecado de trair suas esposas. E diante da vergonha, todos saíram do templo, pois cometiam o mesmo erro. Jesus olhou para a mulher e disse que se eles não a condenaram, ele também não faria, ou seja, como Jesus não condenaria os homens adúlteros, por que condenaria a mulher?

A lição é forte e libertadora, mas será que os cristãos de hoje entenderam a lição? Por que ainda se utilizam da Lei de Moisés para subjugar as mulheres? Por que parte dos ditos seguidores de Cristo não fazem como o mestre e se desprendem do machismo condenador e opressor? Logicamente, porque não querem perder o patriarcado, o poder.

Jesus demonstrou mais de uma vez seu reconhecimento pelas mulheres. A passagem de hoje é apenas uma delas, mas não se esqueçam de que ele apareceu primeiro, após a ressurreição, a Maria Madalena. Que ele nasceu de uma mãe, em tese concebido sem o pai, ou seja, o pecado vem do homem, e não da mulher. Curou mulheres na rua, no templo. Curou mulheres em pleno sábado. Enfim, demonstrou, mais de uma vez, que era preciso compreender a igualdade entre homens e mulheres. Isso a seu tempo, diante de uma cultura absolutamente patriarcal, machista.

Na Umbanda de hoje, por que alguns ainda aceitam o machismo? Por acaso conseguem hierarquizar os Pretos

Velhos acima de Pretas Velhas? Caboclas são inferiores aos Caboclos? Iemanjá é subordinada a Oxóssi? E os Exus, são maiores e donos das Pombagiras? Está na hora de compreendermos que cada um tem seu papel, tem sua importância, mas jamais um acima do outro. A Umbanda nasceu para a liberdade. Não seja você o fariseu que se apodera da pedra, pois encontrará o Cristo a lhe dizer: "se realmente não errou, pode atirar a pedra".

Sejamos honestos, sinceros e deixemos a violência terminar. Quando homens e mulheres puderem ser o que quiserem, sem medos ou opressão, teremos uma sociedade pacífica. Não foi isso que Jesus mais pregou?

Pombagira D. Maria Mulambo

1 Coríntios 9:14

" **Assim também o Senhor ordenou que vivam do evangelho aqueles que anunciavam o evangelho.** "

Muitas são as tradições em que os sacerdotes são remunerados pelos serviços prestados ao templo e à comunidade. No versículo profetizado por Paulo de Tarso, nosso apóstolo dos gentios, há a clara demonstração que aos anunciadores do Evangelho era moralmente e licitamente aceitável que vivessem às custas de sua profissão de fé. O judaísmo, com seus rabinos, segue a tese hebraica do pagamento aos sacerdotes, assim como os padres da Igreja Católica. Muitas outras culturas, porém, não derivadas do cristianismo nem do judaísmo, fazem o mesmo uso, assim os babalorixás e ialorixás, mametos e tatetos, ou tata de inkice na África, viviam exclusivamente às expensas de seu trabalho de fé e de liderança comunitária. Muitos afirmam que o próprio Jesus assim o fazia, não tendo ofício outro que não a propagação e revelação da Boa Nova.

Na Umbanda o assunto é controverso e traz inúmeras questões que devem ser levantadas. Primeiro, é preciso compreender que apesar do versículo em análise ser de autoria de Paulo, apóstolo, nos versículos 15 a 23 ele afirma que a ele não seria pago nada para a propagação da Boa Nova, diz que se o fizesse por iniciativa própria aceitaria a remuneração, mas como o fez por chamado divino, não poderia aceitar nada. Paulo lança a dúvida sobre a tradição mosaica ao afirmar que não deveria receber por ser anunciador do Evangelho, por ser um sacerdote. Essa dúvida lançada há pouco menos de dois mil anos faz a diferença até hoje nas discussões teológicas de diversas religiões, como é o caso do espiritismo codificado por Kardec.

Na acepção desses irmãos, devemos seguir o exemplo evangélico de que o que de graça recebemos, de graça devemos dar. Sob esse pressuposto adere-se a vocação de Paulo como um dos tutores celestiais das religiões espiritistas. Entretanto, é preciso divergir de uma conclusão única, pois temos que compreender que uma coisa é o auferimento de salário propriamente dito com o intuito de acumular rendimentos e outra é a concepção de ajuda de custo para a sobrevivência de ser humano.

Paulo de fato não aceitava as ofertas pecuniárias e as deixava integralmente no templo, para que as igrejas pudessem continuar seus trabalhos de ajuda aos necessitados. Todavia, o mesmo apóstolo recebia vestimenta, alimento, pouso e ajuda de custo para suas viagens na tarefa de pregador. Da mesma forma, podemos notar a figura de nosso mestre maior, o médium supremo Senhor Jesus Cristo. O Cristo em movimento na Terra como encarnado aceitou doações de roupas, alimento, transporte, sandálias e outras formas que o mantiveram vivo durante sua peregrinação, a ele e a seus apóstolos e discípulos. Muitas pessoas que aderiam a comitiva de Jesus eram filhos e filhas de famílias mais abastadas que forneciam as condições de sobrevivência e davam em doação a infraestrutura para a pregação e revelação da Boa Nova.

O problema está em fazer do vil metal, ou seja, da moeda, o senhor. Um salário para sacerdote que seja abusivo, ou suprir as necessidades básicas inspira não só orgulho como pode deturpar a função de sacerdote. Se o pagamento serve para custear o trabalho, manter alimento e pouso e roupas simples ao sacerdote não há uma divisão do entendimento.

Muitos sacerdotes se deturpam ao receberem, pois terão o templo como empresa e pensarão no dinheiro antes do espírito, e isso mudará suas rotinas e, inevitavelmente, desvirtuará seu caminho. Igrejas dominantes conhecem bem isso, visto que, vendo que algumas famílias podiam dar mais que outras, tratavam estas de forma diferente, sendo muito mais condescendente com os ricos, aceitando subordinação pelo dinheiro. Esse é o perigo. Dessa forma, o que queremos dizer hoje se dá em duas grandes vertentes:

Nunca se deve cobrar por trabalhos, passes, magias, cuidados, atendimentos, consultas e afins. Os serviços do templo de Umbanda são e devem ser gratuitos. Isso é derivado da máxima cristã que diz: de graça recebestes, de graça doarás. Além disso, o Caboclo das 7 encruzilhadas bradou: "Umbanda é a manifestação do espírito para a prática da Caridade". Não se faz caridade cobrando, ou exigindo algo em troca, por isso a gratuidade é necessária e condição para sermos umbandistas.

Os sacerdotes dirigentes de templos podem receber auxílios financeiros e podem até se dedicar exclusivamente ao templo, desde que façam votos de simplicidade, devoção real e que aceitem o que lhes for ofertado sem vínculos com seus serviços, isto é, um pai de santo que deseja se dedicar exclusivamente ao templo poderá fazê-lo, e a comunidade poderá ajudá-lo com cestas de alimento, doação de roupas, ajuda de custo, desde que seja algo voluntário e de preferência anônimo. A outra forma é os médiuns de uma casa ajudarem a custear o seu sacerdote tendo clareza que isso não dará nenhuma vantagem adicional a eles.

Jesus viveu de doações, mas nunca condicionou uma cura, um conselho ou uma preleção a qualquer retribuição e nunca desviou seus afazeres, sua missão por causa do dinheiro ou das doações. O mesmo deverá ser feito por pais e mães de santo que assim desejarem. O equívoco de se deixarem seduzir pelo vil metal é o caminho tortuoso e doloroso na vida espiritual. Esse é um caminho aceitável, porém de muito risco, devendo o babalorixá que assim o fizer cuidar de forma muito mais intensa seus pensamentos e atos e nunca deixar de servir a Deus e aos Orixás, mesmo que isso represente afastar seu maior colaborador financeiro. Se a pessoa não tiver a clareza e a forte decisão de assim proceder, não deve buscar esse caminho nunca.

Os budistas, hinduístas e outras religiosidades orientais são mais acostumados a ofertas dos templos. Assim, as sangas budistas há sempre o convencimento de ajuda e doação. Devemos estar muito preparados para a adoção desse caminho e nunca devemos condenar quem assim se submeteu, pois de muito mais privações, orações e vigílias será esse sacerdote imposto.

Exu Sr. Marabô

Leia também

Ecos de Aruanda: contos de Umbanda
16 x 23 cm | 978-85-55270-81-9 | 164 págs.

Aruanda é a cidade espiritual, pátria das almas umbandistas que já se reencontraram com o sagrado. Nesta obra mediúnica psicografada com coordenação do Pai Tobias de Guiné, as histórias de pretos velhos, caboclos e exus trazem um pouco da sabedoria e da alegria de viver e pensar como um umbandista. Os contos surpreendem com lições espiritualistas de grande sabedoria, sugerindo um novo olhar e reflexão à prática da Umbanda, sempre com o intuito de revelar origens, transmitir ensinamentos morais e instruir sobre os ritos.

Jornada de um Caboclo
16 x 23 cm | 978-85-55271-10-6 | 176 págs.

O caboclo Mata Virgem, neste segundo romance espírita-umbandista psicografado por Pai Caetano de Oxóssi, narra um momento da vida de um umbandista que, desprendido do corpo físico, parte em busca de seu aprimoramento espiritual. Ele viaja até os campos vibratórios dos Orixás, como: as florestas de Oxóssi, as águas de Oxum e as serras de Xangô em uma linda e intensa jornada rumo à integração com o Criador, despertando a consciência de respeito e amor à natureza.